LECTURA VELOZ

Guía completa para mejorar tu velocidad y técnicas de lectura por

(La última guía paso a paso para acelerar la lectura y las técnicas sencillas)

Isod Alba

Publicado Por Jason Thawne

© **Isod Alba**

Todos los derechos reservados

Lectura Veloz: Guía completa para mejorar tu velocidad y técnicas de lectura por (La última guía paso a paso para acelerar la lectura y las técnicas sencillas)

ISBN 978-1-989891-20-9

Este documento está orientado a proporcionar información exacta y confiable con respecto al tema y asunto que trata. La publicación se vende con la idea de que el editor no esté obligado a prestar contabilidad, permitida oficialmente, u otros servicios cualificados. Si se necesita asesoramiento, legal o profesional, debería solicitar a una persona con experiencia en la profesión.

Desde una Declaración de Principios aceptada y aprobada tanto por un comité de la American Bar Association (el Colegio de Abogados de Estados Unidos) como por un comité de editores y asociaciones.

No se permite la reproducción, duplicado o transmisión de cualquier parte de este documento en cualquier medio electrónico o formato impreso. Se prohíbe de forma estricta la grabación de esta publicación así como tampoco se permite cualquier almacenamiento de este documento sin permiso escrito del editor. Todos los derechos reservados.

Se establece que la información que contiene este documento es veraz y coherente, ya que cualquier responsabilidad, en términos de falta de atención o de otro tipo, por el uso o abuso de cualquier política, proceso o dirección contenida en este documento será responsabilidad exclusiva y absoluta del lector receptor. Bajo ninguna circunstancia se hará responsable o culpable de forma legal al editor por cualquier reparación, daños o pérdida monetaria debido a la información aquí contenida, ya sea de forma directa o indirectamente.

Los respectivos autores son propietarios de todos los derechos de autor que no están en posesión del editor.

La información aquí contenida se ofrece únicamente con fines informativos y, como tal, es universal. La presentación de la información se realiza sin contrato ni ningún tipo de garantía.

Las marcas registradas utilizadas son sin ningún tipo de consentimiento y la publicación de la marca registrada es sin el permiso o respaldo del propietario de esta. Todas las marcas registradas y demás marcas incluidas en este libro son solo para fines de aclaración y son propiedad de los mismos propietarios, no están afiliadas a este documento.

TABLA DE CONTENIDO

PARTE 1 1

INTRODUCCIÓN 2

CAPÍTULO 1. HISTORIA DE LA LECTURA DE VELOCIDAD 8

CAPÍTULO 2. BENEFICIOS DE LA LECTURA DE VELOCIDAD 11

1. Desarrollarás un mejor manejo de tu tiempo 12
2. Te empoderarás. 13
3. Te abrirás a más oportunidades. 13
4. Aumenta tu confianza. 15
5. Tendrás mejor memoria. 16
6. Te sentirás más relajado 16
7. Mejorarás tus capacidades de aprendizaje. 17
8. Tus pensamientos se volverán más sofisticados. 18
9. Tendrás menos estrés. 19
10. Te inspirarás para lograr o soñar más. 19
11. Serás un líder más innovador. 20
12. Te volverás bueno en resolución de problemas. 20

CAPÍTULO 3. EJERCICIOS DE LECTURA DE VELOCIDAD 23

Antes de Comenzar con tu Lectura de Velocidad 23
Factores que afectan tu habilidad de leer con velocidad 25
Aplicando las habilidades que ya posees 25

CAPÍTULO 4. EJERCICIOS PARA INCREMENTAR TU FLEXIBILIDAD Y TU RITMO DE LECTURA 36

Calentamiento 37
Aumenta la Flexibilidad de tu Velocidad 38
Ejercicio de Novela 39
A Ritmo del Metrónomo 40
Recuerda al Hacer 45
Cómo Recordar Información 45
Mapas Mentales 48
Rizomapas 50
Escribe en Tus Libros 50
Sesiones de 20 Minutos 51

CAPÍTULO 5. CÓMO TENER UNA SESIÓN DE EJERCICIOS .. 53

CAPÍTULO 6. TÉCNICAS PARA INCREMENTAR LA VELOCIDAD DE LECTURA 58

FIJACIONES DE OJOS Y FAMILIARIDAD... 60
FIJACIONES DE OJOS Y VOCABULARIO... 60
PRACTICA META-GUÍA 61
PRESENTACIÓN VISUAL SERIAL RÁPIDA 63

CAPÍTULO 7. TÉCNICA DE COMPRENSIÓN: OJEAR+ 65

CAPÍTULO 8. TÉCNICA DE RETENCIÓN: MANTÉN EL ENFOQUE 70

APAGA TUS NOTIFICACIONES EN E-MAILS, MENSAJES INSTANTÁNEOS Y TELÉFONO MÓVIL. 70
RECUERDA QUE LA POSTURA APROPIADA ES ESENCIAL................... 71
ACLARA TU MENTE. 72
LEE EN INTERVALOS. 73
LEE CON PROPÓSITO. 73
ENCUENTRA UN BUEN LUGAR PARA LEER. 74
HAZ UN MAPA MENTAL.. 74

CONCLUSIÓN 77

PARTE 2 78

INTRODUCCIÓN 79

PASO 1 - ENTENDER EL PROCESO DE LECTURA DE LA MANERA EN QUE LOS INDIVIDUOS PROMEDIO NO LO HACEN 83

PASO 2 - CONFIGURACIÓN DE SU ENTORNO INTERIOR 93

EL AZÚCAR Y LA LECTURA NO SE MEZCLAN 93
DIGASÍ A LOS ALIMENTOS NUTRITIVOS PARA EL CEREBRO 95
OXIGENAR SU CUERPO 96
ES POSIBLE QUE NECESITE ANTEOJOS PARA LEER 96

PASO 3 - ESTABLECIMIENTO DE SU ENTORNO EXTERIOR . 97

TODO SE TRATA DE LUZ Y POSTURA 97

No Contaminación acústica 98
La lectura como un buen hábito o rutina 98

PASO 4 - SUB-VOCALIZACIÓN 100

Dominio 100
Ventajas de la subvocalización 101
Desventajas de la subvocalización 102
Eliminación de la subvocalización 103

PASO 5 - EL ARTE DE LA LECTURA POR ENCIMA O «SKIMMING» 104

¿Qué es el Skimming? 105
Las Ventajas de leer por encima 107
Las Desventajas de leer por encima 109

PASO 6 - DECODIFICACIÓN DE LA PROGRAMACIÓN NEUROLINGÜÍSTICA 111

PASO 7 - CÓMO DESARROLLAR UNA PRESENTACIÓN VISUAL RÁPIDA EN SERIE 116

¿Quién se beneficia de usar PVSR? 120
Por lo general, con lo bueno viene un poco mal 120

PASO 8 - TÉCNICAS AVANZADAS PARA MEJORAR LA COMPRENSIÓN DE LECTURA 122

No escuchar palabras comunes 123
Vista previa 123
Aumentar el vocabulario 125

PASO 9 - LOS TRUCOS DE LECTURA MÁS IMPORTANTES E INFRAUTILIZADOS 125

PASO 10 - DESARROLLE HÁBITOS DE LECTURA RÁPIDA .. 126

¿Funciona realmente la lectura rápida? 128
¿Puedes estudiar de esta manera? 130
Lectura rápida y comprensión 131
Papel y pantalla 132
1 - Práctica: 139

2 - Lea el material 'fácil' al principio: 140
3 - No se preocupe demasiado por si entiende o no el texto al principio: 141
4 - Leer secciones de texto a la vez: 143
5 - Enfocando su atención: 144
6 - Evitar la regresión/regresar: 146
7 - Deje de subvocalizar: 148
8 - Busque palabras clave: 150
10 - Líbrate de la duda: 151

CONCLUSIÓN 154

Parte 1

Introducción

Lectura de velocidad se considera todas aquellas técnicas que mejoran la habilidad de un individuo de leer más rápidamente y de comprender información. En otras palabras, es un modo de leer rápidamente que le permite al cerebro asimilar muchas palabras e incluso oraciones de forma simultánea. Hay muchas técnicas calificadas para ser consideradas "lectura de velocidad", incluyendo la fragmentación y la minimización de la subvocalización propia.

Existen diferentes tipos de lectores, y todos ellos pueden usar métodos variados para incrementar su velocidad. "Ojear", "explorar" y "meta guía" son algunos métodos de los que tal vez ya has oído hablar.

Este libro puede ayudarte a determinar si eres un lector visual, auditivo, o mental, y el estilo de lectura puede cambiarse y mejorarse. Para acceder a esta información, puedes saltearte hasta el capítulo 2. Es muy sencillo practicar todos los trucos que te vamos a enseñar. Los beneficios de la lectura de velocidad son numerosos. Incluso existen modos de entrenar usando software y programación en línea, si eres un individuo particularmente adepto a la tecnología.

Contrario a lo que algunos podrían pensar, la lectura de velocidad no se trata de leer velozmente todo el tiempo. Es más bien como conducir. No puedes conducir como una abuela en la carretera del mismo modo que no puedes ir rápido y furioso cuando vas por una zona escolar. Ten en mente que cada tipo de material de lectura requiere varios grados de velocidad de lectura. Después de todo, no leerás una columna de chismes al mismo ritmo que al examinar atentamente un contrato de negocios. En otras palabras, ser un lector veloz también significa ser un lector flexible. A fin de alcanzar este nivel, deberás poseer un comando total de las variadas velocidades de lectura. Deberás leer de acuerdo a varios grados de lentitud y varios grados de rapidez.

Como pronto descubrirás, la lectura de velocidad también se trata de saber cuándo acelerar y cuando ir más lento. A menos que seas capaz de ajustar tu ritmo de lectura apropiadamente, verás que tu comprensión de un material de lectura se verá significativamente afectado.

Muy Lento	200 palabras por minuto	Útil para motivos académicos, tomar notas, leer libros de texto, introducir conceptos frescos. Bueno para cuando el lector tiene poco o ningún conocimiento previo sobre el tema.
Lento	Entre 150 y 300 palabras por minuto	Ideal para fuentes de lectura desafiantes que requieren un alto grado de comprensión, o para examinar atentamente reportes técnicos. Bueno para cuando el lector tiene poco o mediado conocimiento del tema.
Moderado	Entre 300 y	Los niveles de dificultad del

	600 palabras por minuto	material de lectura son mediados y el lector solo requiere buena comprensión del tema, esto incluye leer revistas y periódicos. Bueno para cuando el lector tiene conocimiento moderado o rico en temas similares.
Rápido	Entre 600 y 800 palabras por minuto	Para materiales de lectura fáciles y livianos, para "ojear y examinar" periódicos y revistas, leer artículos en línea y obras de ficción. Bueno para cuando el lector posee conocimiento rico en el tema o en temas similares.
Muy Rápido	Más de 800	Para "ojear" materiales de lectura

	palabras por minuto	sencillos como obras de ficción y artículos de periódicos o revistas. El lector podría tener cero, alguno o abundante conocimiento previo del tema o de temas similares.

Capítulo 1. Historia de la Lectura de Velocidad

Es buena idea entender cómo inició este concepto. La lectura de velocidad surgió a través del uso del **"taquistoscopio"**, un dispositivo utilizado por las Fuerzas Aéreas de Estados Unidos para entrenar a sus pilotos en enfoque y memoria. El aparato le muestra al piloto una imagen por un corto período de tiempo y luego lo oculta de la vista. El piloto debe identificar cuáles son aviones enemigos mientras se simulan batallas en la cabina.

Esta metodología de **taquistoscopio** fue luego aplicada a la lectura: se proyectaba un grupo de palabras en una pantalla por 0.002 segundos y se ponía a prueba a los lectores para ver si recordaban y entendían la frase completa. Al principio, se creía que las personas leían mirando todas las letras de una palabra y luego las asociaban al significado. El concepto de "lectura por letras" se cambió cuando se probó, a través de estudios y experimentos, que las personas tienen la habilidad de leer no solo una palabra, sino un grupo de tres, cinco, o incluso más palabras de una sola vez. De ese modo, la lectura de velocidad se popularizó.

Evelyn Wood fue quien acuñó la frase. Ella estudió los hábitos exhibidos por los lectores veloces y desarrolló técnicas para mejorar la velocidad de lectura propia. Ella enseñó en escuelas y seminarios. El presidente John F. Kennedy, junto a su hermano Bobby, fue entrenado en estos métodos y se volvió un fuerte partidario de la lectura de velocidad durante su término. El presidente Jimmy Carter, su esposa y varios miembros del personal de la Casa Blanca tomaron cursos de lectura de velocidad.

A través de los años, las metodologías de la lectura de velocidad han sido perfeccionadas. Sin embargo, la base fundamental - leer múltiples palabras más rápidamente y concompleta comprensión - no ha cambiado. Puedes aplicar los últimos desarrollos en lectura de velocidad para pasar de ser un buen lector a ser un gran lector.

Capítulo 2. Beneficios de la Lectura de Velocidad

La lectura de velocidad ofrece múltiples beneficios para todos, en especial para las personas de negocios, los estudiantes y todos aquellos que realicen una gran cantidad de lectura. Podrías preguntarte por qué es beneficioso dedicar tiempo a aprender técnicas de lectura de velocidad si tu horario de todos los días ya está completo. Aquí hay una razón: con la vasta cantidad de información que recibes todos los días, tiene sentido invertir algo de tiempo en aprender estrategias para una lectura más veloz.

Imagina poder revisar tu correo en la mitad de tiempo, repasar las actualizaciones de tus redes sociales más eficientemente y responder a ellas más rápido.

La lectura de velocidad es una técnica que te permitirá comprender más e incrementar el ritmo de tu lectura hasta duplicar o incluso triplicar tu nivel actual. Una vez hayas adquirido la habilidad, la tendrás por el resto de tu vida, ¡y podrás disfrutar de sus beneficios a largo plazo! ¿No es un intercambio grandioso?

Aquí hay algunas razones adicionales que te ayudarán a decidir comenzar tu aprendizaje y mejorar tus habilidades de lectura de velocidad:

1.*Desarrollarás un mejor manejo de tu tiempo.*

El viejo refrán de "el tiempo es oro" expresa una gran verdad. Todos deberían usar su tiempo sabiamente ya que es la mercancía más valiosa que jamás tendremos. El éxito depende en gran medida de cómo manejas tu tiempo. Con la lectura de velocidad, puedes ahorrar tiempo en revisar diferentes materiales para obtener información valiosa y puedes usar ese tiempo para aplicar el conocimiento que hayas ganado.

2. Te empoderarás.

Las primeras impresiones y los juicios usualmente se basan en las palabras que salen de la boca de una persona. Debido a eso, ser capaz de compartir tu punto de vista o entender datos importantes en una reunión de negocios no solo aumentará tu confianza, sino que también te dará una oportunidad de impresionar a otros con tu conocimiento. Ser capaz de leer con velocidad documentos pertinentes (leerlos y entenderlos completamente) te dará poder a través del conocimiento.

Otra instancia serían las situaciones sociales. Al haber leído las noticias con velocidad - ya sea que se traten de eventos mundiales, redes sociales, industria, entretenimiento, o incluso chismes - serás capaz de mantener mejores conversaciones con los demás y de estar cómodo con lo que sabes.

3. Te abrirás a más oportunidades.

El crecimiento exponencial se produce a

medida que lees más y expandes tu conocimiento. Y, a medida que mejora tu ritmo de lectura, obtendrás incluso más sabiduría que te ayudará a crecer personal y profesionalmente. Esto abrirá la puerta a muchas oportunidades que podrás aprovechar.

¿Sabías que la lectura de velocidad puede hacerte obtener una promoción o ayudarte a conseguir ese trabajo de buen salario en el que llevas puesto el ojo? En el mundo corporativo y competitivo actual, puedes sobresalir al obtener títulos, entrenamientos formales o certificaciones. Puedes hacer estas cosas en línea y la lectura de velocidad puede ayudarte a mejorar tus bases educativas al administrar estos cursos y completarlos en un período de tiempo más corto con grandes resultados.

Recuerda, cuando aumentas tu valor profesional, eso se traduce en mejores oportunidades de empleo y de ganancias. Eso equivale a más seguridad y libertad financiera.

4. Aumenta tu confianza.

La lectura de velocidad puede mejorar o fortalecer tu personalidad. Si eres alguien que no se sienten cómodo hablando con tus colegas o con tu jefe, estarás relegado a un segundo plano y no tendrás confianza para participar de verdad. Sin embargo, si te mantienes al tanto de lo que ocurre dentro o alrededor de tu compañía o industria, podrás realizar sugerencias y propuestas con toda confianza.

Puedes leer con velocidad las noticias financieras, las novedades de la industria, y los reportes sobre lo que ocurre alrededor de la competencia en el mercado. También serás capaz de responder preguntas con confianza. Incluso cuando las personas no están de acuerdo con tu opinión, estarás cómodo y seguro sabiendo que posees una total comprensión de los temas de conversación porque los has leído bien - a través de la lectura de velocidad.

Con una mejorada autoconfianza, también podrás ejercer mejor autocontrol y tomar mejores decisiones en el lugar de trabajo.

5. Tendrás mejor memoria.

Muchas personas pueden leer algo y luego olvidar lo que han leído al cabo de un tiempo. Las técnicas de lectura de velocidad pueden incrementar tu entendimiento de un tema o un hecho sobre los que has leído. Tu cerebro está programado para recordar con precisión los conceptos sobre los que tienes una buena comprensión. Puedes hacer que tu cerebro sea más fuerte y más eficiente entrenándolo a través de la lectura de velocidad. Al mejorar tu memoria, también mejorarás tu creatividad.

6. Te sentirás más relajado.

Las personas que leen, te dirán que puede ser un pasatiempo muy relajante y liberador de estrés. Ya sea que leas lento o rápido, leer puede calmar tus nervios y alejar las preocupaciones de tus pensamientos. Escoger el libro correcto en el momento adecuado puede cambiar tu estado de ánimo instantáneamente, o incluso tu perspectiva completa a cerca de un determinado asunto.

A medida que lees más rápido, podrás abarcar más material, absorber más información y en general sentirte más relajado. Al hacerlo, también podrás acallar las voces, los ruidos y las tensiones a tu alrededor. Este pacífico estado puede ayudarte a mejorar tu ser espiritual y emocional, lo cual trae resultados positivos para tu cuerpo físico.

Prueba la lectura de velocidad por un mes y comenzarás a ver una marcada diferencia en tu comportamiento y en tus emociones.

7. Mejorarás tus capacidades de

aprendizaje.

La lectura de velocidad es una manera de mejorar tu concentración. Cuando sepas cómo dedicar toda tu concentración en cualquier tarea que lleves a cabo, te volverás más bueno en ello - esto se aplica a más que solo la lectura. Tendrás más interés en lo que haces y podrás procesar mejor la información y a un ritmo mucho mayor. También estarás ansioso de aprovechar cualquier oportunidad de perfeccionar tu aprendizaje y tu creatividad. De nuevo, esto abre un camino a más oportunidades.

8. *Tus pensamientos se volverán más sofisticados.*

La ciencia asegura que la lectura de velocidad puede afectar positivamente la neuro-plasticidad del cerebro. El cerebro se entrena para crear nuevas conexiones y esto te permite pensar de un modo más complejo y avanzado.

9. Tendrás menos estrés.

Dado que la lectura de velocidad entrena tu concentración, gracias a eso podrás mejorar tus habilidades de meditación. En el mundo actual sobrecargado de información, las personas tienden a llevar a cabo tareas múltiples y pierden concentración. La atención fragmentada te vuelve ineficiente y menos productivo. No completar tareas, o atender a demasiadas tareas al mismo tiempo, te producirá estrés.

Cuando aprendes a concentrarte, una habilidad adquirida a través de la lectura de velocidad, serás capaz de completar tareas más eficientemente y tendrás mucho menos estrés porque sabrás que estás rindiendo a tu máximo nivel.

10. Te inspirarás para lograr o soñar más.

Con una memoria mejorada, más concentración y creatividad, te encontrarás a ti mismo aspirando a más. A medida que crece el mundo a tu alrededor, te animarás a soñar en grande y a ir más lejos. Los beneficios de las habilidades de la lectura de velocidad no están limitados solo a la lectura y la comprensión. Pueden afectar todo el panorama de tu vida.

11. Serás un líder más innovador.

La lectura de velocidad puede mejorar tus procesos de pensamiento y convertirte en un mejor líder. Como líder, serás capaz de llevar adelante cambios, expansión, e innovación con toda confianza sabiendo que posees la información correcta y las habilidades para completar tus objetivos establecidos.

También te volverás más creativo en la resolución de problemas a medida que activas tu imaginación. Podrás combinar conceptos y hacerlos más útiles. Además, tendrás la habilidad de implementar la iniciativa. ¿Quién sabe? La próxima idea multimillonaria podría salir de ti.

12. Te volverás bueno en resolución de

problemas.

La lectura de velocidad te permite replantear problemas al entender las ideas clave y al desbloquear tu imaginación. ¿Sabías que tu subconsciente es muy poderoso? Los estudios indican que la mente subconsciente resuelve problemas a 160,000 km/h, en tanto que la mente consciente puede solo ir a una velocidad máxima de 240 km/h.

¿Cómo te ayuda la lectura de velocidad a solucionar problemas más rápidamente? Te da la habilidad de desviar más datos y figuras a tu subconsciente. Cuando el subconsciente posee más información, puede buscar mejores soluciones a los problemas. Esto se denomina entrenamiento lógico. Cuando lees con velocidad, entrenas a tu cerebro para ser más eficiente en la recepción y el entendimiento de nueva información, así como en la conexión con la información previamente almacenada.

Mejorarás tus procesos de pensamiento

lógico a medida que avanzas en tu lectura de velocidad, dado que las conexiones necesarias se activarán. Verás los beneficios de estas mejorías en tus procesos de pensamiento reflejados en tu toma de decisiones diaria.

Capítulo 3. Ejercicios de Lectura de Velocidad

Antes de comenzar con la lectura de velocidad, deberás considerar los siguientes factores que contribuyen con tu habilidad, o tu falta de habilidad de leer más rápido.

Antes de Comenzar con tu Lectura de Velocidad

- **Un Propósito Claro:** Siempre deberías conocer el propósito principal por el cual lees algo. Cuanto más claro sea tu propósito, más rápido podrás leer el texto para localizarlo.
- **Estado de ánimo:** Si estás cansado, irritable o impaciente, no serás capaz de leer rápido, a diferencia de cuando estás relajado, feliz, fresco y alerta. Sin embargo, puede que no siempre estés bien cuando vas a leer. Aprender a manejar y reconocer tus sentimientos de modo que puedas concentrarte a

pesar de lo que estés sintiendo no siempre será fácil, sin embargo, es posible.

- **Familiarízate con el tema y su terminología:** Si ya posees un entendimiento del tema, tendrás un marco de referencia sobre el cual construir. Te será más fácil leer con velocidad porque no deberás detenerte a pensar en el significado de ciertas palabras.
- **Dificultad del texto:** Algunos libros son difíciles de leer incluso si el tema te es familiar o no.
- **Nivel de Estrés y Urgencia:** ¿Has notado que cuando hay urgencia relacionada a lo que necesitas leer, se te hace más difícil leer con rapidez? La lectura de velocidad te ayudará a superar este problema ya que agudizará tu enfoque y mejorará tu habilidad de concentrarte.

Factores que afectan tu habilidad de leer con velocidad

- Una actitud positiva hacia la lectura. Deberías tener el deseo de mejorar tu capacidad de lectura.
- Un buen vocabulario y familiaridad con la terminología del tema.
- Un buen entendimiento básico del tema. Si estás aprendiendo algo nuevo, ten una estrategia preparada para construir tu conocimiento de fondo.
- Necesitarás practicar. Reservar 30 minutos diarios por 30 días para leer con velocidad, mejorará grandemente tu comprensión, memoria, y la rapidez con que lees.

Aplicando las habilidades que ya posees

Puedes comenzar a leer más eficazmente aplicando las habilidades que ya has adquirido:
- Lee un libro como un periódico para obtener el mensaje.

- Usa un libro como un diccionario para obtener información específica.

No permitas que tus libros te usen a ti, mejor úsalos tú a ellos. Aunque no lo creas, ya posees varias habilidades de lectura. Ya sabes cómo extraer información rápidamente de los emails, diccionarios, periódicos, etc. Empieza a pensar en cómo puedes usar las habilidades que ya posees al leer libros. Si aún no lo has notado, utilizas métodos diferentes para leer diferentes materiales.

Periódicos

Nunca te sientas y lees un periódico palabra por palabra, lo exploras y buscas información que sea de interés para ti. Miras los encabezados y las imágenes, y luego decides lo que te interesa y lees esos artículos en más detalle. No prestas atención a la información que te resulta irrelevante. Dejas de leer cuando ya tienes suficiente información y descartas el resto del periódico. **Lee los libros como si**

fueran un periódico para obtener le mensaje principal.

Diccionarios

Cuando usas cualquier tipo de libro de referencia, buscas la palabra o la idea que necesitas y una vez que la has encontrado, cierras el libro. Si estás buscando información específica en un libro, no tienes que leer cada página. Usa la página de contenidos o el índice, o revisa el libro y fíjate en los encabezados de cada capítulo hasta hallar lo que estás buscando.

Emails

La mayoría de las personas son competentes en examinar sus emails, eliminar correos no deseados, organizar, analizar en busca de información necesaria y encargarse de lo que es rápido y urgente.

Libros de información

Las técnicas de lectura de velocidad que

estás por aprender están diseñadas específicamente para ayudarte a extraer los datos que necesitas de los libros de información que no necesariamente deseas leer por placer.

Estas técnicas de lectura de velocidad pueden usarse con toda clase de materiales de lectura tales como diarios, e-books, lecturas y reportes en línea.

Encuentra un propósito SMART

En los negocios, los profesionales a veces establecen una meta o propósito SMART. Tú puedes aplicar esta técnica a la lectura. SMART es una sigla en inglés y significa:
Specific (Específico)
Measurable (Medible)
Achievable (Alcanzable)
Real
Timed (Programado)

Analizando tu propósito

Has decidido leer este libro, lo cual significa que ya has establecido un propósito. Ahora examina tu propósito según el criterio SMART, comenzando desde atrás.

Programado: Trabaja con libros en sesiones de 20 minutos. Apégate a un límite de tiempo de 20 minutos.

Real: Asegúrate de que la razón que tienes para leer sea real. En otras palabras, no inventes una razón solo para poder leer. Lee porque en verdad necesitas obtener algo del libro. **R** también puede representar **relevante**. Pregúntate si la información es relevante para ti, y cómo la vas a utilizar.

Alcanzable: Tu propósito debe ser realista y alcanzable. ¡Querer leer toda una biblioteca en un mes no es algo que puedas hacer! Además, apégate a elementos individuales de información. Intentar buscar más de una sola cosa a la vez te va a confundir.

Medible: Si no puedes medir algo, se vuelve muy difícil saber si lo has alcanzado. Por ejemplo, podrías desear repasar tus técnicas de inversión en una sesión de 20 minutos.

Específico: Cuanto más precisamente definido y claro sea tu propósito, más información podrás extraer del material. Asegúrate de saber cómo vas a utilizar la información, ya que eso hará que sea más fácil para tu cerebro localizar lo que necesitas.

Regla de 80/20

La regla de 80/20 establece que 20% del esfuerzo que dedicas a cualquier cosa que haces resulta en el logro de 80% de tu objetivo. Por lo tanto, un porcentaje de variable bajo en cualquier sistema grande, puede producir un porcentaje alto. En la lectura, la idea es que estés satisfecho con lograr 80% de tu propósito principal, esto resultará en que ganes cinco veces más información en el mismo lapso de tiempo. También se cree que más del 80% del mensaje se encuentra en menos del 20% de las palabras, razón por la cual es beneficioso buscar información clave. En la práctica, 80% del progreso se encuentra en 20% del esfuerzo que dedicas.

La regla de 80/20 también es conocida como el Principio de Pareto. Fue acuñada por Vilfredo Pareto, un economista italiano quien notó que 20% de las vainas de guisantes en su jardín producían el 80% de los guisantes.

No Leas Las Palabras, Lee El Mensaje

No es necesario leer cada palabra cuando te concentras en el significado del mensaje. Un pequeño porcentaje de la lectura tiene que ver con el movimiento de los ojos; esto está muy relacionado a la forma en que funciona tu cerebro. Es importante que te mantengas enfocado en el mensaje, y no en cada palabra que conforma el mensaje.

Generalmente, no es necesario que leas cada palabra de una oración. El lenguaje es muy predecible y generalmente puedes adivinar lo que va a seguir a continuación. Además, nuestros cerebros están programados para decodificar mensajes y detectar patrones incluso cuando la información está incompleta.

Puedes asimilar información más rápidamente al concentrarte en el mensaje y no en las palabras.

Inmersión

Luego de haber leído rápidamente para encontrar información importante, puedes luego "sumergirte" y leer las secciones relevantes más detenidamente. Una vez que hayas obtenido un buen entendimiento del punto clave, puedes acelerar otra vez.

Lectura Guiada

Busca un libro, cualquiera está bien. Busca un bolígrafo. Esto no es un ejercicio de escritura, así que mantén el bolígrafo tapado.
Lee una porción del libro y usa el bolígrafo como señalador. Mueve el bolígrafo por la página a un ritmo constante, y mantenlo justo encima o debajo de las palabras que estás leyendo. Este ejercicio requiere que no muevas tus ojos hacia atrás, o sea que

no puedes volver a lo que ya has leído. El bolígrafo y tus ojos se mueven en una dirección solamente: adelante. No te preocupes si no puedes entender lo que estás leyendo. Mientras cambias tus hábitos y prácticas de lectura, la comprensión no es lo importante.

A medida que avanzas en este ejercicio de lectura guiada, lentamente comenzarás a incrementar la velocidad a la que se mueve el bolígrafo. Continúa incrementando la velocidad hasta que puedas entender solo una o dos palabras en cada línea. El principal objetivo de este ejercicio es entrenar a tu cerebro y a tus ojos a leer a un ritmo constante sin retroceder.

Nota: Asegúrate de que cuando realices este ejercicio, descanses el bolígrafo y no solo lo uses para señalar la primera o la última palabra de cada línea.

Extendiendo la Comprensión y la Velocidad

Este es un ejercicio corto que incrementará tu velocidad de lectura y

mejorará tu memoria.
- Usa un marcador de tiempo, y lee una página lo más rápido posible.
- Detente y escribe todo lo que recuerdes de lo que acabas de leer.
- Cada día lee cinco páginas y lentamente aumenta el número de páginas que lees antes de detenerte a recordar lo que has leído.
- Comienza con un tema que te sea familiar, y a medida que notes un incremento en tu velocidad y comprensión, avanza hacia algo más desafiante.
- La segunda parte de este ejercicio requiere que leas durante un minuto y luego cuentes el número de líneas que has leído.
- Continúa leyendo durante un minuto más, pero esta vez lee dos líneas adicionales.
- Repite este ejercicio durante otro minuto, esta vez leyendo cuatro líneas más. Repítelo hasta que llegues a diez líneas.
- Siempre lee para entrenar tu memoria

y tu comprensión. Si en cualquier punto piensas que no recuerdas o no entiendes el texto, consolida la información y luego acelera gradualmente.

A fin de leer rápidamente, debes ser capaz de concentrarte. Si encuentras difícil recordar o entender lo que lees, probablemente se deba a que no te estás concentrando apropiadamente. A medida que mejoras tu habilidad de concentración, puedes aumentar el tiempo de 2 minutos a 4 minutos, etc.

Capítulo 4. Ejercicios para Incrementar tu Flexibilidad y tu Ritmo de Lectura

Para los siguientes ejercicios, necesitarás usar libros que disfrutes leer. Aún si los libros no son sobre temas que te resulten familiares, deberían tratar de temas sobre los que te interesa aprender.

Una vez que te sientas cómodo con los ejercicios, podrás comenzar a usar libros con materiales que sean más difíciles de comprender. Esto podría incluir materiales que tengas que leer para tus estudios, tu trabajo, o en los que no estás necesariamente interesado. Cuando practiques con este tipo de materiales, asegúrate de que los límites de tiempo que establezcas sean estrictos. Si no, te aburrirás rápido y querrás avanzar hacia algo en lo que tengas más interés.

Toma estos ejercicios como desafíos y juegos, y no pases más de 10 minuto en cada uno.

Calentamiento

Este es un ejercicio de calentamiento de 5 minutos:
- Lee durante un minuto con buena comprensión.
- Marca el punto que hayas alcanzado luego de un minuto.
- Agrega media página a lo que acabas de leer y pon una marca en ese punto.
- Vuelve al principio y lee durante un minuto con buena comprensión hasta que logres alcanzar la segunda marca en un minuto.
- Cuando te sientas cómodo alcanzando la marca del segundo punto, agrega otra media página y marca ese punto.
- Vuelve al principio y lee con buena comprensión durante un minuto hasta que alcances la tercera marca.
- Continúa con este proceso hasta alcanzar la quinta marca.
- Para este momento, probablemente te des cuenta de que no estás leyendo en realidad, y ese es el punto de este ejercicio. El objetivo es que veas cada

palabra justo lo suficiente para reconocer que es una palabra. Esto te ayudará a acostumbrarte a reconocer/ver más de una palabra al mismo tiempo.

Aumenta la Flexibilidad de tu Velocidad

- Escoge un texto sobre un tema que te resulte familiar.
- Empieza por leer lentamente casi palabra por palabra.
- Acelera al terminar el primer párrafo. Aumenta tu ritmo de lectura hasta que estés leyendo lo más rápido que puedas logrando entender el texto.
- Cuando empieces a leer más rápido de lo que puedes comprender, necesitarás desacelerar.
- Ahora comenzarás a practicar la lectura flexible.
- Lee la primera oración del párrafo muy lento y luego aumenta la velocidad al avanzar por el párrafo y desacelera cuando alcances secciones que no

entiendas.
- Cuando hayas estado leyendo un libro sobre un tema con el que estás familiarizado durante un tiempo, pasa a un libro sobre un tema que no te resulte familiar y comienza el ejercicio otra vez.
- Ahora compara ambas experiencias. ¿Qué has descubierto? ¿Notaste que es más fácil leer el libro sobre un tema familiar?

Ejercicio de Novela

Las novelas son buenos materiales de práctica para mejorar la flexibilidad de tu ritmo de lectura. Al principio de la novela, podrías encontrarte yendo al paso de cada línea. Cuando la historia comienza a acelerarse, y estás en busca de las partes emocionantes entre las descripciones, podrías encontrarte cambiando el ritmo hasta la mitad de la página hasta que alcanzas las partes de la historia que en verdad hacen a la novela. No disfrutarás menos de la novela, y en realidad descubrirás que eres capaz de terminar más novelas que antes.

A Ritmo del Metrónomo

Si aún no tienes uno, cómprate un pequeño metrónomo electrónico que tenga un tic audible pero no muy sonoro.
Trabaja en este ejercicio por 2 minutos, y luego toma un descanso de 5 minutos.
- Configura el metrónomo en el menor ritmo y lee una línea por cada tic.
- Cada página o media página, incrementa el ritmo del metrónomo un solo tic. Si estás cómodo con este ritmo, puedes incrementarlo más.
- Toma un descanso, y luego continúa. Repite el ejercicio hasta que hayas alcanzado el ritmo más rápido.

El metrónomo alcanzará una velocidad en la que es imposible que leas cada palabra. Este ejercicio fuerza a tu cerebro y a tus ojos a absorber y a ver más de una palabra a la vez, e incrementa tu habilidad de forma gradual.

Alimento Para las Ideas

Mientras conduces por una autopista a 115 km/h, tomas una salida y llegas a un pueblo en el que repentinamente debes reducir tu velocidad a 45 km/h. Podrías pensar que esa es la velocidad a la que te estás moviendo, hasta que la policía te detiene y te informa que estás viajando a 60 km/h, cuando creíste que habías bajado a 45 km/h. Las similitudes entre las velocidades de lectura y de conducción no terminan allí. Cuando conduces a 140 km/h, es esencial que te concentres y no puedes permitirte admirar el paisaje. Cuando lees rápidamente, tu mente no siente el deseo de divagar tanto como lo sentiría a "45km/h".

Mega-Lectura
Observa la página rápidamente hasta la mitad (1-4 segundos). Permite que tu dedo te guíe por unas 10 páginas o hasta que logres encontrar sentido en algunas de las

palabras. Luego, continúa leyendo con comprensión. Nota que hay una diferencia al leer a una velocidad incrementada, porque tu cerebro ahora está costumbrado a reaccionar más rápido.

Cómo Mega-Leer

- Inhala profundamente. Al exhalar, sonríe y mantente enfocado.
- Coloca tu dedo bajo la palabra central de la línea superior de la página o columna.
- Mantente enfocado en las palabras que están justo encima de tu dedo.
- Mueve tu dedo hasta abajo en la página suavemente y mantén tus ojos enfocados en la palabra de arriba. Deberías permanecer unos cuatro segundos en cada página.
- Comenzarás a notar palabras luego de la página 6 o 7. Cuando comiences a notar las palabras, empieza a leer normalmente, pero a mayor velocidad.
- Vuelve al inicio de la sección y léela de nuevo tan rápido como seas capaz de

comprender la información.

Deslizando

El propósito de deslizarse es permitir que tus ojos salten por la página para que puedas concentrarte en las partes importantes del texto, o en palabras que perezcan dar la idea principal de la naturaleza del texto. Hay dos formas en las que puedes deslizarte:

1. Al azar – Permite que tus ojos observen diferentes áreas de la página.
2. Con un patrón – Elige un patrón en el cual leer, puede ser en zigzag, en diagonal o en interrogación, lo que te resulte más cómodo.

Un zigzag es un patrón común para deslizarse, dependiendo de la densidad de la información, el patrón puede ser cerrado o abierto.

Forma de "I" Mayúscula

1. Lee las primeras tres líneas de la página.
2. **"Mega-lee" hasta la mitad de la**

página.
3. <u>**Lee las últimas tres líneas.**</u>
La mayoría de las personas encuentran que esta técnica es el primer paso en su viaje de lectura de velocidad.

Primera y Última

Lee las primeras líneas y las últimas líneas de una página. En un texto que está densamente escrito, necesitarás leer la primera y la última línea de cada sección o párrafo a fin de obtener un mejor entendimiento del contenido.

Al hacer esto, encontrarás que los puntos clave no están ubicados al principio o al final de los párrafos o secciones, solo deberás leer la sección media del texto. Cuando el patrón de primera y última se aplica a todo el libro, se denomina principio y final.

En general, será suficiente leer solo el primer par de líneas de cada página. Deberías intentar leer un libro entero con este método.

Recuerda al Hacer

Si deseas recordar la información que estás leyendo, deberás tomar los pasos necesarios para mejorar tu memoria. Esto incluye lectura activa al mismo tiempo que tomar notas, discutirla con alguien y revisarla.

Si eres experto en un cierto tema, probablemente recordarás con facilidad cualquier nueva información relacionada con él. Esto se debe a que ya estás muy familiarizado con el tema y tu cerebro tendrá varios puntos de anclaje para la nueva información.

Si eres nuevo en el tema, o si estás estudiando algo en lo que no estás particularmente interesado, tendrás que hacer un esfuerzo consciente para recordar la nueva información que estás aprendiendo.

Cómo Recordar Información

El propósito de las técnicas de lectura de velocidad es asistirte en recibir nueva información y retenerla. También deberías tomar notas de lo siguiente:

- Solo recuerda lo necesario. Antes de comenzar a usar técnicas de memoria, deberás decidir qué información vale recordar. Si intentas recordarlo todo, fracasarás. Esa es una receta para el desastre.
- Lee con una mente activa e inquisitiva. Piensa en los mensajes clave, resúmelos y articúlalos. Ordena las ideas según su importancia. Pregúntate si estás de acuerdo. ¿Qué es nuevo? ¿Qué información falta?
- Deberás repetir toda la información que deseas recordar. Tu memoria procesa y retiene a través de la repetición.
- Haz asociaciones escritas y mentales, y establece enlaces entre lo que ya sabes y cualquier idea nueva. Cuantas más ideas tengas enlazadas, mejor.
- A fin de conectar los hechos, se recomienda que hagas historias. Usa exageraciones, colores e imágenes. Podría ser una emoción fuerte o algo

gracioso. Visualiza las cosas excepcionales porque son las que resaltarán en tu memoria.
- Dormir y tomar siestas ayuda con la consolidación de la memoria.

Toma Notas con Rizomapas y Mapas Mentales

El primer paso para retener información es tomar notas. Los Rizomapas y los mapas mentales son más fáciles de recordar y conducen a una gran creatividad al usar notas lineales. Si no estás en tu escritorio, necesitarás escribir en notas adhesivas y pegarlas a tu libro.

Sugiero que tomes notas en una de dos formas:

1. Rizomapas: Desarrollados por Susan Norman y Jan Cisek
2. **Mapas mentales: Desarrollados por Tony Buzan**

- Crear notas es el proceso de generar tus propias ideas.

- Tomar notas es el proceso de tomar ideas de otras fuentes tales como presentaciones o libros. Puedes usar tanto rizomapas como mapas mentales para esto.

Mapas Mentales

Un mapa mental comienza con una palabra clave o una imagen en la posición central, como representación del tema. Varias ramas salen de la palabra clave. En cada rama hay una frase corta o una palabra que demuestra cómo la idea clave está relacionada. Ramas más pequeñas son utilizadas para resumir ideas secundarias. Ramas más pequeñas con utilizadas para resumir ejemplos. Puedes usar imágenes o colores para hacer que tu mapa mental sea aún más fácil de recordar.

El secreto para crear un buen mapa mental es reunir tus ideas de un modo claro y conciso usando un número mínimo de palabras, y luego utilizar las ramas para demostrar las relaciones entre las ideas.

Cuándo es útil usar Mapas Mentales: Deberías usar mapas mentales cuando quieres mostrar que hay una conexión entre las ideas. Usa un mapa mental para hacer lo siguiente:

- Establecer una estructura de procesamiento sinóptico o una sección de trabajo de 20 minutos.
- Para dejar claro que ya conoces cierta información sobre un tema y para identificar si existen lagunas en tu conocimiento. Deberías hacer esto antes de comenzar a leer de modo que puedas agregarle más al mapa mental.
- Siempre que tomes notas y te hayas familiarizado con la estructura del tema y cómo todo funciona en conjunto.
- Para tomar notas secuenciales de paso a paso.
- Cuando tienes notas aleatorias y quieras organizar tus ideas (o a partir de un rizomapa) para exhibirlas en una presentación, para escribir un ensayo o un reporte.

Rizomapas

Un rizomapa se trata de hacer un listado de ideas al azar en un papel. A medida que se te ocurran más ideas conectadas con lo que ya has escrito, escribes esas ideas junto a las demás. Si lo necesitas, puedes reorganizar las ideas una vez que hayas completado el mapa resaltando las ideas más importantes. También puedes conectar las ideas usando subrayado, flechas, estrellas, códigos de colores y números.

Cuándo es útil hacer rizomapas: Es una buena idea usar rizomapas cuando no estés seguro acerca de la estructura del tema sobre el cual vas a leer. Por ejemplo, estás intentando entender la visión general de un tema que es completamente nuevo para ti, o cuando no estás seguro acerca de qué tipo de información útil vas a obtener del libro. También puedes usar un rizomapa para presentar información.

Escribe en Tus Libros

Si lees al ir en el transporte público, y no

eres capaz de hacer un mapa mental o un rizomapa, deberás mantenerte enfocado en el proceso de lectura al subrayar o resaltar las ideas clave del material de lectura. También puedes plasmar tus ideas en notas adhesivas y pegarlas al libro. Si deseas hacer que esas notas sean más permanentes, puedes hacerlo creando un rizomapa o un mapa mental más adelante. Esto te ayudará a recordarlas más efectivamente. Cuando lees un e-book, puedes hacer lo mismo al tomar notas, agregar marcadores, y hacer búsquedas a lo largo del contenido. También puedes ver lo que otras personas han subrayado, lo que te permitirá aprovechar la sabiduría popular al enfocarte en las áreas del libro que han sido las más destacadas.

Sesiones de 20 Minutos

Una sesión de ejercicios involucra combinar todas las técnicas de lectura y usarlas para obtener la información que necesitas. Ten una sesión de ejercicios de veinte minutos con un propósito claro y un libro. Si aún sientes que deberías obtener más del libro, deberías tomar un descanso y luego volver a él. Cada vez que te ejercitas con un libro, deberías limitar el tiempo a veinte minutos.

Capítulo 5. Cómo Tener una Sesión de Ejercicios

- Antes de comenzar tu sesión de ejercicios, asegúrate de echar un vistazo previo al libro para tener certeza de que tiene la información que necesitas.
- ¿Cuál es tu principal propósito para esto? ¿Estás buscando obtener una idea general del mensaje o estás buscando información específica?
- Siéntate cómodo en una mesa y asegúrate de tener buena luz y todo lo demás que necesites.
- Ponte en un buen estado mental de relajación, y mantén una mente inquisitiva.
- Establece la alarma para 20 minutos asegurándote de que la fuente de tiempo esté a plena vista.
- Comienza a buscar en el libro la información que necesitas para cumplir tu propósito. Puedes usar el índice y los patrones de lectura de velocidad para encontrar los puntos de información deseados.

- Usa rizomapas y mapas mentales para tomar notas a medida que avanzas.
- Asegúrate de no perder de vista el tiempo y de tener un propósito claro en mente. No caigas en la tentación de enlentecerte y leer por placer. Continúa buscando la información que te ayudará a cumplir tu objetivo.
- Cuando se acaben los 20 minutos, asegúrate de detenerte.
- Revisa cuánto de tu propósito has logrado y piensa en cuánto tiempo te habría llevado obtener este nivel de entendimiento usando métodos tradicionales de lectura.
- Si hay alguien cerca de ti, tómate cinco minutos para hablarles acerca de la información que has descubierto.
- Revisa cuánto de tu propósito ha sido alcanzado. Discutirlo te dará una idea clara de lo que has alcanzado. Si te las has arreglado para alcanzar 80% de tu propósito, podrás felicitarte a ti mismo por tener éxito con la regla del 80/20. Si has logrado menos, tendrás que decidir cuánto tiempo más necesitas para

alcanzar tu objetivo.
- Piensa en lo que has aprendido de la experiencia y considera lo que puedes hacer la próxima vez para mejorar.
- Tómate un descanso de 10 minutos.
- Cuando se acabe tu descanso, piensa en qué más necesitas, incluyendo lo siguiente:

- Algunos minutos más para completar tu propósito.
- Haz un plan para otra sesión de ejercicio.
- Haz una lectura general rápida de principio a fin para obtener más información
- Celebra tu éxito porque ya has alcanzado tu propósito.

Discute lo que Necesitas

Cuando hablas de lo que necesitas hacer, eso te ayuda a aclarar las ideas en tu mente y te ayuda a recordarlas. Haz lo siguiente dos veces:
1. Resume la información para ti mismo a medida que lees. Esto te mantendrá

activamente involucrado.
2. Cuando hayas acabado de leer, cuéntale a alguien acerca de lo que has leído. Esto te ayuda a memorizar y entender mejor la información.

Revisa la Información Regularmente
Por lo general, las personas olvidan 90% de lo que leen en 48 horas de haberlo leído. Al tomarte un par de minutos para revisar tus notas al día siguiente, una semana y un mes más tarde, ¡recordarás entre 80% y 90% de la información!

Debido al hecho de que la repetición es la clave de la memoria, deberás revisar continuamente la información que has estudiado. Si no, es completamente normal para el cerebro olvidar. Solo necesitas dedicar algunos minutos a cada revisión. Deberías revisar tus notas luego de los siguientes períodos de tiempo:
- 1 día
- 1 semana
- 1 mes

Cuando hagas revisiones de información, asegúrate de registrarlo en la forma de notas. Deberías luego volver y compararlo con lo que fue escrito anteriormente. Vuelve al texto original y revisa los detalles sobre los que no estés seguro. Al utilizar este método para poner a prueba tu memoria, mejorarás grandemente tu habilidad de memorizar información. La investigación ha confirmado que la única manera de construir la capacidad de recordar es practicando.

Cuando haces revisiones de la información, eres capaz de recordar casi el 100% de lo que leíste originalmente. Luego de un poco de experiencia, se vuelve mucho más fácil recordar información de este modo.

Capítulo 6. Técnicas para Incrementar la Velocidad de Lectura

Un lector de velocidad logra mayor comprehensión cuando lee en porciones o frases ya que el significado transmitido es más fuerte. Los ojos necesitan estar fijos y enfocados a fin de lograr ver algo. Cuando los ojos están en movimiento, la visión se pondrá borrosa. La lectura de velocidad no solo se trata de mover tus ojos rápidamente por la página, se trata de tener un buen enfoque mientras se mantiene un rango amplio de visión.

También se trata de mejorar la fijación: el modo en el que los ojos se mueven y se detienen al leer, cómo se enfocan en un grupo de palabras, luego proceden al siguiente tras entender el primero. Cuantas menos fijaciones, mayor velocidad de lectura.

Para entender cómo los ojos se quedan fijados en ciertas palabras, intenta leer esto:

Un objeto de belleza es un gozo para siempre.

Si eres un lector lento, leerás esta oración en 5 a 8 fijaciones – a medida que tus ojos van de una palabra a otra. Cuando eres un lector rápido, tendrás un mayor rango de visión, y serás capaz de leerlo entre dos y cuatro fijaciones de ojos solamente.

Un **objeto** | de **belleza** | es un **gozo** | **para siempre.**

Un objeto de **belleza** | es un **gozo** para siempre.

Si deseas ver cómo la fijación de ojos funciona en acción, puedes pedirle a un amigo que te observe mientras lees o tú puedes observarlo a él. Notarás que el ojo del lector se moverá de izquierda a derecha en una fracción de segundo luego se moverán de nuevo a la derecha. Una vez que el lector alcanza el final de la línea, sus ojos volverán a la izquierda y comenzarán con las fijaciones de nuevo. Las fijaciones de ojos varían dependiendo del largo de la línea que esté leyendo, su familiaridad con el tema y el tamaño de su vocabulario.

Fijaciones de Ojos y Familiaridad

Tu experiencia previa, educación y tus intereses, todos influyen en tu ritmo de lectura de velocidad. Tu conocimiento de un tema influirá en cuán rápido lees por fijaciones de ojos.

Leer acerca de algo que está dentro de tu campo de conocimiento, te permitirá leer no solo rápidamente sino también con confianza. Tienes conocimiento del lenguaje y el tema de interés.

Comparado a un estudiante de primaria, un consultor financiero leerá un reporte de negocios o una propuesta de inversiones mucho más rápido y lo entenderá mejor.

A medida que lees más y más, expandirás tu conocimiento. Al familiarizarte con más y más temas, leerás incluso más rápido. Funciona y te beneficia de ambas maneras.

Fijaciones de Ojos y Vocabulario

Cuanto más amplio sea tu vocabulario, mayor será tu reconocimiento de las palabras a medida que lees. Esto significa que puedes absorber más palabras en grupos.

Al expandir tu vocabulario, serás capaz de leer más rápido (en grupos de palabras) porque no necesitarás tomarte tiempo para pensar en lo que significan las palabras. Tu cerebro ya las ha procesado a partir de la memoria. Cuando lees más, encontrarás nuevas palabras y aprenderás más, ampliando de ese modo tu vocabulario.

Practica Meta-Guía

De nuevo, recuerda que los ojos tienen el hábito de quedarse fijos en objetos que se mueven. Por ejemplo, si estás sentado frente al televisor, y una cucaracha vuela a tu lado, automáticamente te enfocarás en ella. O si estás hablando con alguien y de pronto una pelota es arrojada hacia ti, naturalmente voltearás hacia ella y reaccionarás con rapidez. La fijación de ojos es un reflejo que deberías aprovechar. Cuando lees, las palabras no se mueven, pero puedes usar tus dedos o cualquier forma de señalador para que tus ojos lo sigan. Esto usualmente recibe el nombre de meta-guía. Es una antigua técnica que elimina las distracciones, y le permite al lector enfocarse en palabras importantes de modo que pueda leer más rápidamente.

Dado que los ojos son naturalmente atraídos hacia el movimiento, usar una guía ayuda al lector a expandir su visión periférica y ser capaz de leer múltiples líneas al ser guiado. Usar una guía ayuda a controlar y mejorar las fijaciones de ojos. También le brinda al lector un modo de navegar la estructura y la organización del texto, teniendo mayor capacidad de prestar atención a los encabezados y al texto resaltado, así como también buscar las formas en que el autor hace transiciones de un tema al siguiente.

Al usar tu guía, también puedes regular tu velocidad de modo que puedas ir rápido o lento, según sea necesario. Practica y determina cuánto puedes leer en un minuto. Continúa practicando, y luego de un tiempo, leer con el flujo de tu guía será algo natural y leerás consistentemente.

Una vez que te vuelvas mejor en tu lectura de velocidad, puedes deshacerte de tu guía, y tus ojos se moverán consistentemente con naturalidad sobre el material.

Puedes leer en aumentos de 1 a 5 minutos para hacer seguimiento de tu progreso. Si deseas obtener un promedio de tu ritmo de velocidad (palabras por minuto), cuenta el número de líneas que puedes leer en un minuto y multiplícalo por diez – usas 10 porque es el número promedio de palabras en cada línea en los libros impresos. Cada vez que practicas tu lectura de velocidad, ponte el objetivo de superar tu puntaje previo. Pronto te encontrarás yendo más rápido.

Presentación Visual Serial Rápida

Se ha establecido que cuando realizas menos fijaciones de ojos, logras leer y entender más palabras. Cuando domines la fijación, podrás dominar la lectura de velocidad. En el mundo digital de hoy, un método digital también es apropiado. La

Presentación Visual Serial Rápida o PVSR es útil cuando lees material en la pantalla de una computadora, tales como e-books, blogs y artículos en línea, y cosas así.

El PVSR es un sistema de lectura de velocidad que le permite al lector enfocarse en una palabra en un momento específico al destellar en la pantalla. A medida que continúas practicando este sistema, mejorarás la velocidad con la cual puedes leer palabras en pantalla, luego acelerar el proceso.

Para esto, prueba **Speeder** – el cual usa las últimas innovaciones para hacerte más productivo y eficiente en la lectura de velocidad. Ve a https://www.spreeder.com/ para aprender más. Es gratis.

Capítulo 7. Técnica de Comprensión: Ojear+

La lectura de velocidad es más que solo leer un material muy rápidamente. Se trata de entender la información que acabas de leer más rápido y mejor de lo que lo harías normalmente. Por lo tanto, la lectura de velocidad se trata de la eficiencia.

Ojear es una técnica que usualmente se enseña en la escuela primaria, aunque no se desarrolla tanto. Le permite al lector examinar el contenido y detectar elementos importantes que deben ser leídos. Sin embargo, ojear no te hace un lector más rápido, aunque algunas personas dirían que es una técnica de lectura de velocidad.

Esto se debe a que, a diferencia de leer en verdad, tu simplemente revisas y salteas las partes que decides que no son esenciales. Generalmente, ojear brinda poca comprensión y no siempre recuerdas cada palabra que ves.

La lectura de velocidad es ojear+, o sea que es más que solo recorrer o deslizarse por el texto.

Ojear+ se trata de obtener el contenido de lo que estás leyendo sin tener que leer todas las palabras. Las personas realizan la acción de ojear como técnica de lectura de velocidad cuando tienen mucho material que leer y no tienen mucho tiempo para absorberlo en detalle. Ten en mente que ojear es tres o cuatro veces más rápido que la lectura normal, así que significa que tu comprensión ciertamente disminuye en comparación.

Si en verdad piensas en ello, ojear se parece mucho a hacer un barrido porque estás buscando la información más selecta, con la esperanza de no perderte nada de importancia al avanzar.

Ojear también te permite obtener una idea general sobre el texto. Sin embargo, deberías saber cuándo puedes ojear un texto y cuándo deberías leerlo en profundidad. Cuando eliges ojear como tu técnica de lectura de velocidad, deberías saber si el material es para ojear.

Puedes ojear largos reportes de negocios, o documentos legales o el periódico. También puedes ojear tu libro cuando

tienes un examen pronto y no cuentas con suficiente tiempo para revisarlo. La clave para saber si deberías ojear o no es responder las siguientes preguntas:
- ¿Tienes mucho que leer y no cuentas con mucho tiempo?
- ¿Es material de información no ficticia?
- ¿Puedes saltearte algo del material?
- *¿Ya tienes conocimiento previo o estás familiarizado con el material?*

Si tus repuestas son sí a las preguntas, entonces no necesitas leer todo y ojear puede resultar útil para ti.

Aquí hay algunos consejos para ojear apropiadamente un material y reconocer la información esencial:

1. **Identifica tu propósito.**

¿Por qué estás leyendo lo que estás leyendo? Cuando sabes la razón, sabrás qué buscar. Buscarás y encontrarás términos que expresan esencialmente lo que estás buscando. Cuando no sabes lo que estás buscando, ojearás sin propósito lo cual puede ser muy aburrido y hará que no retengas mucha de la información que has leído.

2. **Lee en ambas direcciones – horizontal y vertical.**

Mueve tus ojos de arriba abajo, y de un lado a otro. Imagínalo como bajar corriendo las escaleras. Intentas bajar más rápido, pero también eres cuidadoso de no perderte un escalón.

3. **Piensa como el escritor.**

Cuando lo haces, te saltearás los detalles sin importancia y solo te enfocarás en el 'jugo' del material. El autor está transmitiendo un punto, y al igual que con número 1 –saber lo que deseas obtener del material – puedes detectar lo que es y pasar por alto los ejemplos y las historias. Tomará práctica, pero aprenderás el estilo del autor – cómo incluye información indirecta, argumentos secundarios y otros detalles.

4. **Encuentra puntos importantes o ideas principales.**

Generalmente, la idea principal está escrita en los párrafos iniciales de cualquier material. Léelos cuidadosamente a fin de entender el principal objetivo del artículo. También es importante leer la primera oración de cada párrafo. Al hacerlo, sabrás si hay que leerlo por completo y cuáles puedes saltearte.

Ten en mente que no necesitas leer toda la oración si encuentras que no tiene ninguna información valiosa. Puedes saltearte los ejemplos.

Capítulo 8. Técnica de Retención: Mantén el Enfoque

El mundo en el que vivimos ofrece tantas distracciones que se vuelve difícil mantener el enfoque mientras lees. Steve Jobs dice que el enfoque significa decirles no a las otras ideas que vienen hacia ti y escoger la idea correcta.

En esencia, está diciendo que el enfoque es más que simplemente decirle sí a una cosa. Si no intentas cancelar el ruido traído por otras ideas, no serás capaz de concentrarte en la "verdadera". Él enfatiza que la innovación significa rechazar 1,000 otras cosas.

Aquí hay algunos simples consejos y trucos que pueden ayudarte a mantener y mejorar tu concentración, lo cual te permitirá tener mejor comprensión a medida que lees con velocidad.

Apaga tus notificaciones en e-mails, mensajes instantáneos y teléfono móvil.

Siempre sentirás que necesitas revisar tu

teléfono o computadora en busca de mensajes cada vez que escuchas el sonido de alerta. No necesitas hacerlo. Esas distracciones pueden apartar tu atención de lo que estás leyendo y cuando pierdas concentración, encontrarás que es difícil volver a leer con velocidad.

Te encontrarás con que debes releer o perderás interés por completo. Las interrupciones también pueden reducir la habilidad de tu cerebro de concentrarse en la información que estás intentando obtener. Cuando necesitas leer con velocidad, debes poner tu teléfono en modo silencioso y desactivar todo tipo de notificaciones. Siempre puedes revisar luego de acabar de leer.

Recuerda que la postura apropiada es esencial.

Del mismo modo que hace falta usar más músculos para fruncir el ceño que para sonreír, necesitas más energía para encorvarte que para sentarte apropiadamente. Asegúrate de practicar una postura adecuada cuando leas.

- Al sentarte, empuja tu cadera hasta atrás en el asiento. Tus pies deberían estar planos en el piso.
- Tus rodillas deberían estar un poco más bajas o a la misma altura que tu cadera.
- Consigue una silla ergonómica – tu espalda debería tener el soporte apropiado.

Disfrutarás más beneficios que solo mantener el enfoque, estarás sano y evitarás problemas de salud que vienen con una postura pobre.

Aclara tu mente.

Solo necesitas un minuto o dos para hacer esto. La meditación regular te ayudará mucho porque libera tu mente de distracciones y confusión mental. Si bien no tendrás suficiente tiempo para practicar meditación apropiada cuando necesites leer un material con velocidad, puedes cerrar tus ojos por un minuto o dos, y liberar cualquier pensamiento o preocupación mental que bloquee tu mente antes de leer. Una mente relajada tendrá un mayor nivel de concentración.

Lee en intervalos.

Un intervalo de 50 minutos es el tiempo más ideal para enfocarte en una tarea individual, de acuerdo a Peter Drucker. Luego de 50 minutos, tu mente estará cansada y necesitará un descanso. Cuando superas esa marca, tu mente se vuelve ineficiente. Necesitas tomar un descanso de 10 minutos antes de retomar la lectura (o realizar cualquier tarea). Tener este hábito te permitirá entrenar tu enfoque y usar tu cerebro a niveles óptimos.

Lee con propósito.

Cuando tienes un objetivo en mente, no leerás sin pensar. Leer con un propósito hará que el proceso sea fácil y rápido. Cuando tienes una meta específica en mente, te concentrarás mejor.

Encuentra un buen lugar para leer.

No solo deberías estar en un asiento cómodo y ergonómico, también deberías estar en una habitación donde no serás distraído por personas que podrían interrumpirte constantemente. Del mismo modo, elimina el ruido no deseado tanto como puedas.

Si puedes leer mientras escuchas música, entonces pon algo ligero para escuchar. La mayoría de las personas no solo hallan la música de fondo relajante cuando hacen alguna actividad, sino que también les ayuda a concentrarse más. Claro, depende del tipo de música que escuchas. La música instrumental, clásica e incluso el ruido blanco hará maravillas por tu concentración.

Haz un mapa mental.

Es importante trabajar ambos lados de tu cerebro a fin de lograr una mejor retención. El lado izquierdo de tu cerebro es para la lógica y la estructura en tanto que el lado derecho es la avenida artística. Involucrar ambos lados al leer te ayudará a retener más información y a tener un mejor enfoque.

A fin de entrenarte para usar ambos lados de tu cerebro, haz un mapa mental: toma notas y dibuja imágenes. Puedes primero dibujar una imagen del tema sobre el cual estás leyendo, o que deseas o sobre el que necesitas leer, luego agrega palabras clave que estén conectadas con él. Tu cerebro usará ambos lados cuando hagas esto.

Cuando comiences a leer, naturalmente vendrán imágenes y palabras clave a tu mente, y eso te ayudara a concentrarte mejor y retener la información importante.

Estos son consejos muy simples, pero son muy útiles y pueden hacer una gran diferencia en tu habilidad de lectura. Asegúrate de implementarlos regularmente para obtener los beneficios de mantener tu enfoque. También aumentarás continuamente tu velocidad de lectura.

Conclusión

Las personas extremadamente exitosas, como Warren Buffet, Bill Gates, John Maxwell, y Mark Zuckerberg creen en el poder de leer libros. ¿Deseas ser capaz de leer un libro cada día? A medida que comiences a romper los malos hábitos de lectura que te refrenan, comenzarás a mejorar lentamente, pero con certeza.

Parte 2

Introducción

Las letras «P - E–R – R – O» deletrean PERRO. Junto con estas tres letras colocadas en secuencia para deletrear la palabra «PERRO», era más que probable que hubiera una foto de un perro acompañándolos.

Así es como los niños siempre fueron, son y probablemente siempre se les enseñará a leer.

Al «escuchar» una palabra, aprenden a pronunciarla. Al ver una imagen que representa la palabra, ellos entienden lo que la palabra representa.

Como muchos de nosotros hemos envejecido, es posible que no lleguemos a «decir» las palabras que leemos «en voz alta» a medida que las leemos. Sin embargo, la mayoría de nosotros todavía las «pensamos» tal como las vemos. Es muy posible que esté haciendo esto ahora, al leer esta introducción.

Esta forma de lectura se denomina «sub-vocalización». Es una manera excelente para que los niños aprendan a leer y de hecho lo reforzamos leyéndoles cuentos «en voz alta».

El problema surge cuando los niños crecen. No se hace ningún intento de «desvanecer» esta forma de lectura. Por lo tanto, la mayoría de los adultos todavía lo hacen hoy en día.

Cuando consideramos a las personas que necesitan leer un volumen de más de 50.000 palabras en un día, ya sea porque necesitan revisar sus materiales de estudio, documentos de trabajo o incluso un buen libro que necesita ser devuelto a la biblioteca al día siguiente, empezamos a preguntarnos: «¿cómo es posible que cubran su material en tan poco tiempo, si deben pensar cada palabra tal como la ven?

Aquí es donde nuestros cerebros evolucionan repentinamente y automáticamente anulamos lo que nos enseñaron, por el bien de atravesar el material - de repente descubrimos que podemos comprender las palabras que vemos, sin pensarlas, decirlas o pronunciarlas.

Con la lectura frecuente comenzamos a darnos cuenta de que la cantidad de tiempo que nos toma a nuestras mentes conscientes reconocer una palabra escrita en una frase dada es de hecho solo una fracción de lo que pensamos que es.

Piense en la publicidad subliminal en un anuncio durante una película en el teatro.

Una palabra puede literalmente«destellar» en la pantalla grande durante una fracción de segundo. En ese momento, debido a que están tan fácilmente tratando de seguir lo que están viendo, no saben que están viendo la palabra, pero en realidad sus ojos la han visto y su cerebro la ha fotografiado - para ese momento.

Porque ha sido«fotografiado», lo recuerdas. Tal vez no recuerde dónde vio la palabra hasta después de que la película haya terminado (porque su mente consciente todavía intentará aferrarse a la línea de la historia de la película), pero puede que se encuentre después de la película pensando en la palabra que usted piensa que no vio conscientemente.

Algunos pueden decir que esto se debe a que solo puede haber sido visto por su mente subconsciente. Esto puede ser cierto, pero este concepto en sí mismo es la razón perfecta por la cual la concentración y la conciencia son tan importantes, y van de la mano.

Sin ellos, también podríamos seguir leyendo libros infantiles para siempre.

La responsabilidad nos enseña que el tiempo es una esencia, y «soñar despierto» mientras se lee puede llevar a una disminución seria de la productividad. A través de la realización de este concepto comenzamos a unir nuestras mentes conscientes y subconscientes con la intención de absorber completamente lo que leemos, simplemente mirando las palabras.

Hay muy poca manera de hacer que creas

que eres capaz de leer sin sub-vocalizar. No puedo convencerte de que eres capaz de hacer algo que nunca te has probado a ti mismo que puedes hacer.

Para creer en este libro, necesitas creer en el poder de tu mente subconsciente, y luego acercarlo lo más posible a tu mente consciente.

Paso 1 - Entender el Proceso de Lectura de la manera en que los individuos promedio no lo hacen

Aquellos que aún no han dedicado tiempo a descubrir cómo leer más rápido a menudo sienten que la lectura es una lucha constante. Puede que ni siquiera se den cuenta al principio, pero tarde o temprano pueden evaluar cómo pasan su tiempo en un día determinado, y descubrir cuánto tiempo pierden leyendo lentamente.

Los factores responsables de la lentitud de la lectura no están ocultos, en realidad son bastante obvios. Sin embargo, la mayoría de los lectores pensarán primero que hay algo académicamente mal en ellos, antes de elegir creer en lo obvio.

Ser un lector lento no significa que eres un fracaso académico. Simplemente significa que nunca antes se le ha enseñado a leer más rápido.

Antes de que pueda comenzar a corregir su técnica de lectura, será importante que entienda qué tasas de lectura se consideran lentas.

Las diferentes publicaciones influyen de forma natural en la velocidad de lectura al utilizar un estilo de fuente, un tamaño de fuente y un texto«fácil de entender». Escriben para los laicos, evitando las«palabras rimbombantes» y las charlas complejas. Por ejemplo, una novela romántica puede ser ciertamente más fácil de leer que un libro de texto de psicología.

Una buena tasa de lectura, considerada por algunos como la tasa de lectura«estándar», es de aproximadamente 250 palabras por minuto.

Si su tasa de lectura es más lenta que el promedio«estándar» de 250 palabras por minuto, es probable que se vea obstaculizado por al menos uno de los factores que se enumeran a continuación.

Fluidez estilizada

Si usted carece de práctica extensa en la lectura, podría caer en la trampa de dividir cada oración que lea en las palabras individuales dentro de la oración.

Esto ocurre cuando su cerebro analiza (descompone/analiza) la información en lugar de absorberla. Se hace una pausa para evaluar el significado de cada palabra antes de seguir adelante, una y otra vez. Es una tarea agotadora y desagradable causada por leer como si estuvieras conversando o leyendo el texto en voz alta a alguien.

El cerebro humano es algo maravilloso, y no necesita limitarse a«una palabra a la vez».

Cuando usted habla, también está

controlando sus músculos faciales y monitoreando las reacciones de su audiencia. La lectura no tiene tales distracciones.

Empiece a pensar en las oraciones como un todo, en lugar de concentrarse en las palabras que hay dentro de ellas.

Daños en la vista

A veces la única razón por la que ciertos individuos tienen problemas para leer es la«mala visión». La hipermetropía se desarrolla naturalmente a medida que las personas envejecen, gracias tanto al esfuerzo como al proceso de envejecimiento.

La visión deficiente es tan gradual que al principio es posible que ni siquiera reconozca una ligera borrosidad alrededor de los bordes de las letras que lee. Entonces un día, las palabras escritas se vuelven casi ilegibles.

Esto no solo ralentizará su progreso mientras su cerebro intenta interpretar cada palabra, sino que también causa dolores de cabeza que pueden hacer que cualquier tipo de lectura sea dolorosa y frustrante. Hágase revisar los ojos anualmente e invierta en un par de anteojos para leer si le están frenando.

Distracción

Cuando un libro o documento no es lo suficientemente absorbente, la mente tiende a vagar.

No es gran cosa cuando se lee por placer, pero los escritos como los registros de trabajo y los libros de texto para los estudios son un asunto diferente. La distracción les sucede incluso a los mejores lectores, pero el secreto del éxito es trabajar más allá del aburrimiento y las distracciones para obtener la información que necesita.

Además de beneficiarse de los ejercicios básicos de enfoque/concentración, este problema a menudo se alivia a medida que mejora la velocidad de lectura, ya que el aumento de palabras por minuto le da al cerebro más espacio para ocuparse de sí mismo.

Asegúrese de leer en un ambiente tranquilo y tranquilo con el menor número posible de ruidos de fondo y perturbaciones/distracciones visuales.

Postura

Su postura durante la lectura es muy importante. El encorvamiento puede causar molestias en el cuello, la espalda y en ocasiones incluso en los músculos del estómago.

Cuando lea para absorber información vital (por ejemplo, cuando esté estudiando o leyendo documentos para el trabajo) será importante que se siente en una posición cómoda, preferiblemente con su espalda contra el respaldo de una silla o una superficie vertical plana.

Dieta

Muchos individuos no son conscientes del hecho de que una dieta deficiente influye en la productividad. Hay muchos alimentos que pueden mantenerlo energizado, alerta, y le ayudarán a concentrarse, lo cual conduce a una buena concentración y, en última instancia, a una lectura más rápida.

Por otro lado, las«comidas rápidas», los alimentos grasos y el exceso de almidón pueden hacer que te sientas letárgico y algo distante, que son los«enemigos» de la lectura.

Aire fresco

No podemos sobrevivir sin oxígeno. Muchas personas se encuentran leyendo en el interior (en una oficina o en la escuela). Necesitan entender la importancia de respirar aire fresco de vez en cuando.

El aire en un ambiente de oficina (especialmente aquellos que utilizan calefacción central o aire acondicionado) puede quedar estancado después de algún tiempo. Es importante que se asegure de tomar aire fresco después de una hora de lectura, aunque solo sea por 5 minutos.

Pasar esos cinco minutos bajo la luz solar directa es altamente recomendable, ya que la luz solar genera tanto vitamina D como serotonina, y sin suficiente serotonina en el cerebro, la mayoría de las tareas parecen insoportables.

Contenido

El entusiasmo es una llave que abre casi todas las puertas. Mientras que los documentos relacionados con el trabajo y los materiales de estudio pueden aburrirte hasta la muerte, debes darte cuenta de que sin entusiasmo hay muy pocas posibilidades de que seas capaz de leer en absoluto, y mucho menos de absorber la información dentro del material de lectura.

Una de las mejores maneras de ganar entusiasmo por el trabajo/estudio que haces es recompensarte por una buena comprensión. Mientras que su posición en el trabajo puede seralta, no hay nada malo en jugar un juego con usted mismo. Por ejemplo, por cada capítulo comprendido se recompensará con un... (el que usted desee).

También recuerde el panorama general en

este momento, junto con el trabajo duro/bueno viene una recompensa mayor, ya sea en la forma de una promoción en el lugar de trabajo, o una«A» para sus estudios.

Subvocalización

Como se mencionó anteriormente, la subvocalización es la forma en que se les enseña a los niños a leer. Se anima a los estudiantes a«decir» palabras en voz alta a medida que avanzan, lo que refuerza el significado de cada palabra en el proceso.

Esta es una herramienta útil, pero a veces se pega y daña el desarrollo posterior a medida que el niño crece. En los adultos, suele manifestarse en forma de palabras que se pronuncian en silencio a lo largo de la página.

Es importante darse cuenta de que el habla es francamente lenta en comparación con la capacidad de la mente para procesar información. Limitar su progreso al ritmo de la conversación lo dejará muy por debajo de la velocidad media de lectura.

Lectura/Regreso

Cuando pierda la concentración o se vea inundado por una escritura particularmente densa, puede instintivamente saltar al principio de una oración o párrafo para releer lo que piensa que se ha perdido.

Este es un síntoma de mala comprensión, no académica, sino probablemente causada por distracciones. Esto ciertamente tendrá un impacto en su velocidad de lectura; si usted termina leyendo cada página dos veces, el libro entero tarda el doble de tiempo en completarse.

En lugar de permitirse retroceder dos veces,«arar hacia adelante» y confiar en sus habilidades para absorber la información eficientemente.

No solo«arar hacia adelante» le dará a tu cerebro el mandato de prestar atención, sino que asegurará que asimiles todo el contenido en lugar de quedarte atascado en una pequeña sección.

Solo quiero pedirle un pequeño favor.... si disfrutó de este libro, ¿puede dejar una reseña para este libro? ¡Gracias!

Puedes dejar una reseña aquí:

Paso 2 - Configuración de su entorno interior

Es importante crear un ambiente propicio para la lectura en más de un nivel.

Mientras que algunas personas se dan cuenta de que necesitarán preparar el ambiente físico perfecto en el que leer eficazmente sin distracciones, muy pocos entienden lo importante que es preparar el cerebro y el cuerpo; un ambiente separado, pero perfectamente emparejado cuando se trata de tener que absorber y concentrarse en la información.

A continuación, se presentan algunos puntos importantes a considerar cuando se intenta crear el ambiente de lectura perfecto.

El azúcar y la lectura no se mezclan

¿Sabía usted que consumir azúcar o

alimentos con almidón antes de una sesión de lectura puede realmente perjudicar su desempeño en lugar de mejorarlo? Mucha gente piensa que la energía añadida del azúcar o de un tazón de pasta les ayudará a quemar más rápido el material de lectura, pero los expertos en nutrición nos dicen que el proceso bioquímico involucrado en la digestión del azúcar o del almidón libera ciertos compuestos que pueden retrasar la comprensión de la lectura.

Lo que realmente sucede es que una dieta o comida alta en azúcar y almidón hace que el metabolismo libere insulina para reducir los altos niveles de azúcar y equilibrar los niveles de azúcar en la sangre.

Este proceso también consume aminoácidos que el cerebro utiliza como bloques de construcción para los neurotransmisores necesarios para un pensamiento eficiente.

Los neurotransmisores permiten que los pensamientos viajen por la autopista de la información del cerebro. Cuantos menos neurotransmisores tengas, más lento piensas.

Así que, mientras piensas que comer un bocadillo azucarado generará más energía en tu cuerpo, ayudándote a concentrarte, de hecho, estás haciendo exactamente lo contrario; estás `estrechando' tus propias habilidades para concentrarte completamente.

Este es un error cometido por muchos, sin saberlo. Sin embargo, ahora que usted sabe esto - si usted necesita tomar un bocadillo antes de leer, hay alternativas mucho mejores que el azúcar.

Digasí a los alimentos nutritivos para el cerebro

Para facilitar los eficientes procesos de pensamiento necesarios para la comprensión de lectura, será necesario practicar una nutrición adecuada para preparar el«ambiente del cerebro y el cuerpo».

Usted puede prepararse para el éxito en la lectura comiendo alimentos de índice glucémico bajo a medio como granos enteros, frutas y frijoles. Los alimentos ricos en proteínas también son necesarios, ya que proporcionan una buena base para la formación de aminoácidos y neurotransmisores.

Oxigenar su cuerpo

Una dieta alta en grasas priva al cuerpo del oxígeno que las células cerebrales necesitan para funcionar correctamente.
Básicamente, las grasas se adhieren a los glóbulos rojos y evitan que el oxígeno llegue a las células cerebrales críticas que facilitan el proceso del pensamiento y la comprensión de lectura.
La respiración diafragmática antes, durante y después de los ejercicios de lectura mejorará sus habilidades de lectura al aumentar la cantidad de oxígeno en su cuerpo y cerebro.

Es posible que necesite anteojos para leer

Asegúrese de hacerse examinar los ojos regularmente para determinar si necesita o no una receta para anteojos para leer. Esto es muy importante especialmente para las personas mayores de 35 años.

Si usted tiene una prescripción para la miopía, probablemente necesite un par de gafas de lectura por separado.

Paso 3 - Establecimiento de su entorno exterior

Todo se trata de luz y postura

El tipo de luz que usted usa cuando lee, y más importante aún, su fuente, puede afectar en gran medida la rapidez con la que lee.

La iluminación de espectro completo proporciona la mejor luz de«lectura» posible. Las bombillas fluorescentes compactas no solo crean la iluminación superior en un ambiente que se utiliza para un enfoque adecuado, sino que también son la fuente de luz más económica disponible y se sabe que se han quemado continuamente durante cinco años.

¡Aunque puede ser tentador, no se acurruque en la cama para las sesiones de lectura!

La postura es importante, y estar demasiado relajado reducirá su velocidad dramáticamente. Es mucho mejor llevar a cabo las sesiones de lectura con un escritorio y una silla para no tener que agachar el cuello y para que el cuerpo asuma una postura recta y relajada.

Mantenga su libro en un lugar fijo. Una superficie plana proporciona el mejor soporte de lectura.

No Contaminación acústica

Usted debe eliminar tantos ruidos y distracciones como sea posible cuando practique la lectura. Incluso si usted siente que la música o la televisión le ayuda a concentrarse, usted debe desarrollar habilidades de lectura sin el uso de ruido de fondo, ya que necesitará concentración para desarrollar tasas de lectura de alta velocidad.

La lectura como un buen hábito o rutina

Si es posible, debe reservar la misma hora del día para su práctica de lectura.

Después del desayuno es el momento

ideal para programar su práctica. Trate de practicar en el mismo lugar para desarrollar este hábito positivo. También debe generar la mayor cantidad de pensamiento positivo posible acerca de sus ejercicios. Establezca pequeñas metas alcanzables y registre su progreso diario. Dese pequeñas recompensas por cada hito que alcance.

Cuando usted se toma el tiempo para evaluar sus ambientes internos y externos y cómo pueden impactar sus metas de lectura, encontrará que existen numerosas maneras de aumentar su velocidad y comprensión.

Tenga en cuenta la nutrición y coma alimentos«sanos para el cerebro» que alimenten sus habilidades.

Preparar el escenario para la práctica de la lectura preparando un área especial te hará volar a través de montañas de información, tan rápido como tus ojos puedan deslizarse a través de la página.

Paso 4 - Sub-vocalización

Dominio

La lectura es una de las grandes alegrías en la vida de muchas personas, y es una habilidad invaluable que la mayoría de las personas deben tener para funcionar normalmente en el mundo.

Como se mencionó anteriormente, en la escuela probablemente aprendiste a leer cuando te enseñaron a«pronunciar» palabras en una página. Toda la lectura es«en voz alta» al principio, y poco a poco tus habilidades de lectura mejoraron a medida que los profesores controlaban tu pronunciación básica.

Luego se le enseñó a leer en silencio para sí mismo como el siguiente paso para aprender la habilidad de leer. A través de la vida, el método de«pronunciar» las palabras permaneció igual, pero ahora puedes«pronunciarlas en silencio» o«pensar» en ellas a medida que las lees. Esto es sub-vocalización.

Ventajas de la subvocalización

La subvocalización es una parte natural del proceso de lectura que le ayuda a entender mejor lo que está leyendo y le ayuda a recordar más información.

Para algunos, escuchar una palabra hablada en su cabeza les ayuda a entender lo que están leyendo. Tratan de decirle a su cerebro: «aquí mira... entiendo lo que estoy leyendo porque puedo decir la palabra, y al decirla sé lo que significa».

La mayoría de las personas no se dan cuenta de que no necesitan convencer a su cerebro de su capacidad para leer palabras. El cerebro puede hacer esto muy fácilmente sin que se le recuerde que puede hacerlo.

Por ejemplo, cuando usted camina, rara vez necesita decirle a su cerebro que le pida a su cuerpo que dé un paso y luego otro; es algo que usted hace automáticamente. Lo mismo ocurre con la lectura, después de mucha práctica, por supuesto.

Aunque no hay evidencia que sugiera que las personas que participan en un patrón normal de subvocalización comprendan menos que los que leen más rápido, es probable que los que leen más despacio de lo normal debido a los malos hábitos relacionados con la subvocalización 'comprendan' menos de lo normal.

Desventajas de la subvocalización

La subvocalización limita la velocidad de su lectura a«sololo más rápido que pueda hablar».

Los lectores competentes que utilizan la subvocalización pueden leer 250-300 palabras por minuto. La mayoría de los que hablan rápido llegan a las 400 palabras por minuto. Los lectores que eligen subvocalizar, por lo tanto, se enfrentan a la desventaja de solo ser capaces de mejorar su velocidad de lectura en aproximadamente un 40%.

Se sabe que los lectores que eliminan la subvocalización alcanzan velocidades de hasta 900 palabras por minuto. Por lo tanto, un buen lector puede mejorar su velocidad de lectura en un 200% adoptando las técnicas de lectura correctas.

Eliminación de la subvocalización

Eliminar la subvocalización significaría cambiar su enfoque de la lectura.

Ya no debe ver la lectura como una actividad pasiva; debe darse cuenta de la importancia de«concentrarse» mientras lee para evitar los malos hábitos que le retrasan.

Cambiar lamanera de leer puede ayudarle a reducir y finalmente eliminar su tendencia a subvocalizar mientras lee.

Sin embargo, hay quienes aconsejarían no eliminar la subvocalización; la razón es que sin ella la capacidad de comprensión de un lector puede ser permanentemente dañada. En este sentido, también hay quienes se mantienen firmes en su opinión de que es imposible eliminar completamente la subvocalización.

A través de la práctica, pronto sabrá dónde están sus puntos de vista sobre la subvocalización.

Paso 5 - El arte de la lectura por encima o «skimming»

Los materiales de lectura vienen en muchas formas. Desde periódicos y novelas, hasta revistas científicas y artículos de investigación - muchas personas a menudo sienten que simplemente no hay tiempo suficiente en el día para que lean todo lo que necesitan al ritmo en que lo hacen.

El *skimming* es una técnica que permite cubrir una gran cantidad de texto en un corto espacio de tiempo. Al buscar palabras importantes, así como frases y frases que contienen la mayor parte de la información importante, puede *desviar* grandes cantidades de texto para obtener una comprensión básica del tema principal que se está cubriendo.

Esto funciona bien para los escritos que no están demasiado densamente llenos de información valiosa, y para los que contienen una gran cantidad de«prosa colorida» que tal vez no sea necesario leer para comprender el corazón del texto.

¿Qué es el Skimming?

El *skimming* es un proceso por el cual el lector omitirá ciertas palabras y pasajes de la página para encontrar el contenido que considere importante.

En lugar de leer cada palabra de cada oración y párrafo, probablemente solo prestará atención a las palabras y frases que contienen la información más esencial.

Usualmente encontrarás que «conjunciones», que son palabras como:

Y

Cuando

Si

El

O

En

eso

Son

Para

y así sucesivamente. Estas son las palabras que usted hojeará, mientras que la descripción de palabras o `adjetivos' y `sustantivos' serán las palabras que usted absorberá.

¿Cuál es el propósito de hacer esto?

Mucho texto contiene una gran cantidad de *pelusa* y exceso de prosa que no es necesariamente pertinente al tema que se está investigando.

Por ejemplo, eche un vistazo a la frase anterior.

¿Cuántas palabras se necesitaban para transmitir el mensaje? Cerca del 40 al 50 por ciento del contenido de la oración podría ser omitido, y usted todavía retendría el 99 por ciento del significado de la oración.

Por ejemplo, al hojear, es posible que solo haya visto las palabras:

«contiene exceso de pelusa no pertinente de investigación»

Este ejemplo en sí mismo es un concepto fundamental en la lectura rápida. Puede utilizar el método de *skimming* cuando necesite obtener las «ideas principales» de un documento largo. A menudo, no se necesita toda la información excedente que contiene.

Por ejemplo, si desea aprender algunos conceptos básicos sobre los efectos del cambio climático, puede que desee hojear las páginas de un informe sobre el cambio climático para encontrar datos y cifras interesantes, pero no leerá las descripciones detalladas de los cambios que se producen, por ejemplo, en las aves migratorias o en la formación de algas; a menos, por supuesto, que esté buscando específicamente dicha información.

Al final, probablemente no tendrá una comprensión completa y detallada de la información, pero podrá comprender y recordar los conceptos básicos.

Las Ventajas de leer por encima

Muchas personas dependen de la búsqueda diaria en innumerables páginas de documentos para encontrar información relevante. Esto es especialmente cierto para abogados, investigadores, estudiantes y otras profesiones que necesitan seguir una enorme afluencia de información textual.

El *skimming* puede permitirle absorber los«fundamentos» de una amplia gama de temas sin quedarse atascado en las complejidades de los textos individuales. Esto es importante cuando se llevan a cabo los pasos iniciales de la recolección de información.

Por ejemplo, si estás buscando información específica sobre una batalla determinada en la Guerra Civil, no querrás leer todos los libros de la Guerra Civil en su totalidad. Al hojear las páginas de cada libro, usted puede descubrir palabras, pasajes y frases a las que puede volver y examinar con más detalle en una fecha posterior.

El *skimming* es una gran herramienta para los lectores ocasionales también. Por ejemplo, casi nadie se toma el tiempo para leer cada artículo del periódico a diario. Usted hojear las páginas para los titulares que le interesan, a continuación, usted hojear el artículo real en virtud de un titular específico para la información que usted está buscando.

La gente también hace esto con revistas y sitios web que contienen mucho contenido. Al hojear el texto que no le interesa, se está dando más tiempo para disfrutar de los artículos y pasajes que le darán la información que realmente necesita.

Las Desventajas de leer por encima

El *skimming* puede presentar obviamente una serie de desventajas que son difíciles de superar.

Esto es especialmente cierto en los trabajos escritos que son densos en información. Los artículos de investigación, documentos históricos, documentos académicos y manuales técnicos pueden contener información importante en casi todas las líneas. Echar un vistazo a la escritura que contiene este tipo de densidad resultará inevitablemente en una gran cantidad de información faltante.

Si usted se encuentra con un texto que está entregando un contenido importante y relevante línea tras línea, es una buena idea olvidarse del *skimming* y concentrarse en la lectura concentrada.

Desafortunadamente, a veces no hay atajos«fáciles» que puedan reemplazar el tomarse el tiempo para absorber y comprender completamente el texto escrito«específico del tema».

El *skimming* también presenta una desventaja cuando el disfrute de una obra escrita depende de la capacidad de leer y analizar dispositivos literarios y prosa complicada.

Por ejemplo, si estuvieras hojeando un capítulo de Shakespeare, es casi seguro que te perderías todo el significado de sus obras y poesía.

La escritura de Shakespeare era densa en simbolismo, metáforas, alusiones, presagios y ritmo. Se trata de características literarias que no pueden ser observadas simplemente«hojeando» la mayoría de las líneas del texto.

El *skimming* también puede reducir el placer que recibes al experimentar una prosa muy bien escrita. Buscar puntos importantes relacionados con la«trama» sería una manera horrible de disfrutar de las obras maestras escritas por escritores famosos como Jane Austen, Vladimir Nabokov, J.R Tolkien y C.S Lewis (por nombrar algunos).

Paso 6 - Decodificación de la programación neurolingüística

Hay muchas teorías e ideas que compiten entre sí acerca de cómo funciona la lectura y qué métodos y «trucos» funcionan mejor para capacitar a la gente a leer.

Una teoría que genera mucho interés, y no poca crítica, se conoce como Programación Neurolingüística oPNL.

Esta teoría comenzó a principios de los años setenta como una consecuencia de las terapias psicológicas convencionales. Con el paso del tiempo, muchos entrenadores y consejeros comenzaron a adaptar las teorías y prácticas de PNL a una serie de diferentes paradigmas de enseñanza.

El concepto básico detrás de la PNL es muy simple:

Al reentrenar la mente (neuro) para tratar y asimilar las palabras de una nueva manera (lingüística), es posible reprogramar a una persona para que asimile y utilice la información de manera más eficiente, con mayor retención y precisión en la memoria.

La PNL se aplica a la lectura como resultado directo de la teoría del«movimiento ocular» con el que se asocia la PNL. La forma en que esto se relaciona con la lectura es simple.

Al entrenar el ojo para asimilar más de la«visión periférica» a la vez, el ojo del lector se deslizará naturalmente más suavemente a través de la página, en lugar de fijarse en una palabra a la vez en la forma espasmódica que muchos individuos exhiben cuando leen.

Esto, a su vez, permite al lector asimilar más información más rápidamente y con una tasa de retención mucho más alta, cuando el cerebro está«entrenado» para aceptar la información adicional sin problemas.

Esta teoría es defendida por un gran número de oradores motivacionales, gurús de autoayuda y entrenadores de lectura rápida. En este último caso, los principales puntos de interés parecen ser:

1 - El lector toma una perspectiva más universalizada *Gestalt* u *patrónorganizado*del material de lectura

en lugar de una perspectiva *específica* individualizada.

2 - El lector puede determinar más fácilmente la intención del autor y el«hilo de pensamiento», y seguirlo debido a esta visión de«patrón organizado» de lo que se está leyendo.

3 - El lector puede clasificar más eficientemente qué información tiene valor intrínseco de aquella que simplemente sirve como«relleno».

En este método de lectura, el lector puede absorber, retener y comprender rápidamente y sin esfuerzo una gran cantidad de información y luego recordarla a voluntad con una tasa de precisión muy alta.

La mayor dificultad con la PNL es que muchos científicos a menudo argumentan que en realidad no tiene ninguna base científica. Lo señalan como una«seudociencia» comparada con la alquimia, que utiliza terminología y metodología científica de manera no científica, no replicable y potencialmente dañina.

Muchos de los principales detractores de la PNL llegan a decir que la PNL es una «basura totalmente fraudulenta».

Dicen: «la terminología *impresionante* es un intento mal concebido y ejecutado de pintar una delgada capa de credulidad científica sobre una estructura conceptual con poca o ninguna validez científica».

De hecho, los principios teóricos de la PNL aparecen cuando se aplican a alguien con un «deseo» consciente e intencional de aprender a leer.

Físicamente: Al aprender a controlar el movimiento «lento y suave» de la visión, el lector es capaz de asimilar las palabras y darle sentido al texto más rápidamente que alguien que intenta leer cada palabra individualmente, lo que conduce a movimientos espasmódicos de los ojos, lo que causa tensión en los ojos.

Los lectores pronto descubrirán que al usar sus ojos de manera efectiva para `observar' el texto de una página, en realidad estarán *leyendo*, en lugar de escaneando o hojeando.

Esto requiere mucha práctica y paciencia.

Al principio sus ojos pueden todavía sacudirse ligeramente, pero a medida que practique más, comenzará a sentir `paz o alivio' en sus ojos, a medida que los músculos se adapten y se sientan más suaves y lisos.

Además de las cuestiones de la validez científica de la PNL, una pregunta que se plantea a menudo es: ¿qué es y qué no es *verdadera* PNL?

Un entrenador de lectura rápida puede decir que la PNL no está siendo practicada por un lector específico, y otro que observa exactamente los mismos comportamientos del lector específico puede decir que sí.

Parte de esto puede atribuirse a la falta de un«programa de certificación cohesivo». Debido a que no parece haber un medio centralizado y curricular de verificar las credenciales para practicar PNL, esto significa que cualquier persona puede llamarse a sí misma practicante con una convicción tan grande (o tan poca) como la siguiente.

Independientemente de todo esto, los

principios de la PNL en la lectura parecen ser sólidos y funcionan según lo previsto en los estudiantes motivados.

Esta es la clave para cualquier modo de aprendizaje. Los estudiantes desmotivados son menos propensos a aprender, porque el tema de actualidad no les interesa, mientras que, para un estudiante motivado, estos principios funcionan.

Ya sea que los llamemos PNL o por algún otro término, los resultados son realmente lo que importa. Los entrenadores de lectura rápida que usan la PNL como parte de su currículo de entrenamiento reportan resultados sorprendentes, sugiriendo que debe haber al menos algo de validez en su práctica cuando se trata de aprender a leer de manera efectiva.

*** Solo un recordatorio, y como una forma de decir gracias por su compra, ofrezco un libro electrónico gratuito, exclusivo para mis lectores. ***

Paso 7 - Cómo desarrollar una presentación visual rápida en serie

Antes de proceder, por favor entienda que

PVSR (Presentación visual serial rápida) es un método de lectura que solo puede ser utilizado «en línea». Si usted solo está interesado en aprender a leer efectivamente a través de material impreso en rústica, leer este capítulo puede no ser una ventaja para usted.

En el siglo XXI, gran parte del texto escrito se presenta electrónicamente en forma de libros electrónicos, artículos en Internet, etc. De ahí la decisión de incluir este capítulo para aquellos que quieran saber más sobre el método de lectura PVSR.

Cuando consideras el ancho de la pantalla de tu ordenador, empiezas a *ver* el tamaño de la superficie que tus ojos tienen que examinar para poder leer una sola línea de texto en la página de tu pantalla, de izquierda a derecha.

Por ejemplo, en esta frase hay hasta doce palabras.

En este momento usted puede estar hojeando este texto, puede estar buscando palabras clave o frases clave, o puede estar leyendo cada palabra y escuchándola a medida que la lee subvocalizando.

Si usted ha estado practicando y ha entrenado su cerebro para leer más rápido, es posible que pueda leer la oración anterior con solo dos o tres movimientos oculares, habiendo leído 4 o 5 palabras a la vez.

En este punto debe considerar la cantidad de tiempo que le llevó poner los ojos en la página y luego mover los ojos de izquierda a derecha para leer la oración.

Imagínese poder leer*viendo* palabras que*destellan*en la pantalla, en el centro de la pantalla, eliminando la necesidad de tener que mover los ojos y alterar el punto de enfoque.

¡Suena extraño!

Aunque la información escrita no se presenta comúnmente de esta manera en la actualidad, es algo que sin duda podemos esperar ver en el futuro.

PVSR o Presentación Visual Serial Rápida, es un método relativamente nuevo que puede ayudar a los lectores a aumentar su velocidad máxima de lectura de palabras por minuto.

Este método depende de la velocidad a la que los ojos de un individuo pueden recibir y procesar información cuando sus ojos no tienen que moverse o cambiar de enfoque en absoluto.

Con PVSR, las palabras de un texto son *proyectadas* en la pantalla de su computadora una por una (o en grupos de dos o tres). Aparecen en el centro de la pantalla cada vez, eliminando la necesidad de tener que poner en peligro tu enfoque al tener que seguir una línea de izquierda a derecha.

En pocas palabras, un lector solo tendrá que centrarse en el centro de la pantalla de su ordenador y esperar a que aparezcan las palabras.

En la mayoría de los casos, los programas PVSR se pueden comprar en línea. El software puede ser descargado en su ordenador y usted puede empezar a beneficiarse de este método de lectura en un abrir y cerrar de ojos. La mayoría de ellos también tienen la capacidad de convertir material estándar de libros electrónicos en PVSR. Esto es fantástico.

¿Quién se beneficia de usar PVSR?

1 - Las personas con mala vista se beneficiarán de PVSR, debido al hecho de que muestra, resalta y amplía el texto. Al presentar cada palabra una a la vez, sus ojos no tendrán que esforzarse entre un mar de palabras para encontrar significado en el texto.

2 - Los individuos que luchan contra la dislexia pueden ser ayudados a través del uso de PVSR. Puede disminuir la confusión y mantener el orden correcto de una oración, permitiendo una mejor comprensión del material de lectura.

3 - Aquellos que luchan con la «pérdida del campo central», PVSR ayuda a minimizar la dependencia del movimiento ocular.

Por lo general, con lo bueno viene un poco mal

Aunque esta es una fantástica nueva forma de leer, como con la mayoría de los métodos y técnicas, presenta ciertas desventajas.

Un ejemplo de desventaja en el PVSR es la «ceguera por repetición». Esta es la falla de detectar o recordar palabras repetidas en el PVSR. Por ejemplo, pueden aparecer las siguientes palabras:

«Siéntese en la hierba junto a la hierba azul junto al árbol que está debajo del árbol».

La ceguera por repetición sugiere que, si la misma palabra se presenta más de una vez en la misma oración, existe una gran probabilidad de que la mayoría de las personas no vean la misma palabra la segunda vez en la misma oración.

Por ejemplo, es posible que algunos no vean la palabra 'hierba' dos veces o la palabra *árbol* dos veces. Esto puede llevar a que los lectores de PVSR pierdan información.

Se desconoce si todos los lectores de PVSR lucharán o no con esta desventaja, pero parece bastante improbable, ya que todos los individuos difieren en la«capacidad de poder mental».

Si bien esta forma de lectura aún no se ha convertido en la norma, si usted siente que le gustaría darle una oportunidad, descubrirá que en Internet no le faltan programas de PVSR gratuitos, regalados por varios institutos.

Recuerde, esto no es un sustituto de los libros en rústica, documentos encontrados en el lugar de trabajo, y no es compatible con el correo electrónico. En la actualidad, lo más probable es que solo pueda hacer uso de este método cuando lea directamente desde un programa PVSR o un libro electrónico que haya sido convertido a PVSR.

Una vez más, solo quiero pedirle un pequeño favor.... si disfrutó de este libro, ¿puede dejar una reseña para este libro? ¡Gracias!

Puedes dejar una reseña aquí:

Paso 8 - Técnicas avanzadas para mejorar la comprensión de lectura

Concentración

Para leer rápidamente y comprender debe ser capaz de concentrarse. Algunos individuos prefieren escuchar música mientras leen, mientras que a otros les distrae la música. Otros pierden interés después de un corto período de tiempo y necesitan tomar descansos cortos y frecuentes, mientras que otros siguen leyendo durante horas sin necesidad de detenerse. Experimente hasta que encuentre lo que mejor se adapte a sus necesidades.

No escuchar palabras comunes

Hay palabras que pueden ser reconocidas tan rápidamente que en realidad no necesitan ser notadas/atención en algunos casos. Reconocer estas palabras puede aumentar el número de palabras que lee por minuto sin que el texto pierda significado.

Vista previa

Previsualizar significa mirar el texto antes de leerlo, y luego hacerse algunas preguntas:
- ¿Cuál es el propósito de leer este libro?
- ¿Qué tan bien necesito comprender esto?
- ¿Qué tan difícil es el nivel de lectura?
- ¿Es algo con lo que estoy familiarizado o

es un tema totalmente nuevo?
- ¿Dónde voy a trabajar/lectura?
- ¿Cuánto tiempo me llevará cubrirlo?
- ¿Dónde debería leerlo?

Al previsualizar el texto, también debería hacerlo:

- Compruebe la fecha de publicación.

- Eche un vistazo a la parte delantera del libro/portada/página de inicio para entender su propósito.

- Consulte el índice o la lista de capítulos.
- Escanee rápidamente unas cuantas páginas aleatorias.

La vista previa le permite decidir inmediatamente si el libro está desactualizado, si el tema es interesante, si existe la posibilidad de elegir, o si el nivel de lectura es demasiado difícil o demasiado fácil.

Refuerzo de la información importante

Después de leer una cierta cantidad de texto, debe recordar los detalles tomando notas, visualizando o asociando.

Aumentar el vocabulario

La mejor manera de aprender nuevas palabras es usarlas y escucharlas. Cuando usted se detiene a buscarlos mientras lee, esto puede ralentizarlo.

La mayoría de las veces, cuando usted elige seguir leyendo en lugar de permitirse a sí mismo«atascarse» en una palabra, descubrirá que la información a seguir generalmente describe el área o palabra que usted no entendió muy bien.

Sin embargo, el vocabulario es una parte importante de la lectura. Aunque leer es la mejor manera de aprender nuevas palabras, si te quedas particularmente atascado con una palabra, aprenderla te ayudará en el futuro, en caso de que vuelva a aparecer la misma palabra.

Estas técnicas funcionan, pero preparar el cerebro, el cuerpo y el entorno de lectura es de suma importancia. Recuerde, leer las noticias con el café de la mañana siempre será más fácil y rápido que leer la letra pequeña de un préstamo de auto nuevo.

Paso 9 - Los trucos de lectura más

importantes e infrautilizados

1. Aprenda a leer palabras en grupos. No lea ni se concentre en palabras individuales una a la vez para asegurarse de que entiende cada palabra. Evite la subvocalización y concéntrese en la comprensión de la frase en su conjunto.

2. Deje de leer el mismo texto repetidamente. Puede elegir colocar un puntero en cada línea a medida que la lee. Esto puede evitar que se repita la lectura del texto. Esto no es ideal como técnica de lectura, ya que puede llegar a ser dependiente de su puntero, pero es un buen comienzo para aprender a«leer entre líneas».

3. Mantenga sus ojos tan enfocados en el centro de la página como sea posible. Esto reduce las paradas excesivas de los ojos, que son una característica de la lectura deficiente, y disminuye la velocidad de la lectura.

Paso 10 - Desarrolle hábitos de lectura rápida

La pregunta más importante sobre la

lectura rápida es cómo afecta a la comprensión. A muchas personas les preocupa que el intento de acelerar la lectura pueda reducir su tasa de comprensión.

Hay algunas pruebas que muestran que los lectores rápidos tienen en realidad un mayor índice de comprensión que otros, pero esto es posiblemente atribuible a que los lectores rápidos simplemente pierden menos tiempo y se centran en el tema mejor que otros.

Claramente, existe una correlación entre los hábitos de los lectores lentos y un menor nivel de comprensión. Los lectores lentos a menudo se dedican a un tipo diferente de subvocalización. El lector lento espera a que el sonido de cada palabra se forme en su mente antes de pasar a la siguiente. Esto les ayuda a entender mejor el texto, pero los retrasa enormemente.

Es poco probable que las técnicas de lectura rápida sustituyan a los métodos probados de enseñar a la gente a leer, pero la aplicación adecuada de las ideas de lectura rápida podría ayudar a preparar a los estudiantes para los cursos de nivel universitario. Es totalmente posible que los lectores lentos se beneficien de las técnicas de lectura rápida y mejoren su comprensión como resultado.

¿Funciona realmente la lectura rápida?

La respuesta entre los lectores de velocidad sería un rotundo«¡Sí!».

Sin embargo, la lectura rápida no consiste en una técnica«única» que se aprende en pocos días. Los lectores veloces han aprendido a leer más rápido (generalmente después de cierto tiempo) entrenando sus cerebros; reprogramándolos para que vean las palabras de manera diferente en comparación con la forma en que se les enseñó a verlas al principio en la escuela.

Sin duda, algunos individuos son *naturalmente* mejores en lectura rápida que otros. Pero para la mayoría, con el fin de acelerar la lectura de manera efectiva para asegurar una comprensión del 100% de los materiales leídos, necesitarán practicar constantemente, haciendo mejoras conscientes diariamente hasta que hayan dominado esta habilidad. Hay consejos y trucos que uno puede usar en su beneficio, pero en última instancia, es la práctica la que hace la perfección.

La respuesta entre los escépticos y los críticos sería:*hasta cierto punto*.

Los lectores más rápidos del mundo leen alrededor de 4700 palabras por minuto con una tasa de comprensión del 50 por ciento; mientras que el lector promedio puede leer alrededor de 200-250 palabras por minuto con una tasa de comprensión completa. Enfrentémoslo. Un índice de comprensión del 50 por ciento es demasiado bajo para ser considerado práctico o beneficioso para propósitos académicos y profesionales.

La respuesta entre aquellos que creen que la lectura rápida *puede* funcionar sería: «es posible aprender a leer más rápido y aun así mantener tasas razonables de comprensión».

Nadie sabe realmente cuáles son los límites del cerebro humano. Sin embargo, sabemos que estos límites varían de un individuo a otro.

La mayoría de los individuos pueden aumentar su velocidad de lectura más allá de 250 palabras por minuto con una comprensión completa, pero probablemente perderán la comprensión completa mucho antes de 1500 palabras por minuto.

¿Puedes estudiar de esta manera?

Sí, siempre y cuando haya entendido bien las advertencias:

1 - La lectura rápida es una habilidad y debe ser aprendida. Por lo tanto, es imposible tomar un libro de texto y comenzar inmediatamente a«leerlo con rapidez».

2 - Usted puede emplear varias técnicas que le ayudarán a leer más rápidamente, pero la verdadera velocidad de lectura solo se consigue con la práctica.

3 - Es importante tener en cuenta que la velocidad de lectura es relativa. Incluso una vez que usted se haya entrenado para leer más rápidamente, todavía le tomará

más tiempo leer un libro académico denso que el que le tomaría leer más material de «nivel de superficie».

La lectura rápida es una habilidad que vale la pena que todos los estudiantes cultiven. No solo les ayudará a cubrir sus materiales de estudio en un espacio de tiempo más corto, a medida que avanzan hacia sus carreras futuras, sino que también pueden llevar esta habilidad consigo y utilizarla durante todo el proceso.

Lectura rápida y comprensión

Cada uno lee a su propia velocidad, que suele variar en función de la densidad del material y del nivel de comprensión requerido.

Puedes aumentar tu velocidad de lectura aplicando activamente técnicas de lectura rápida que te ayudarán a mejorar tu comprensión lectora. Estas técnicas se manifiestan cuando se dan los pasos correctos para convertirse en un lector de velocidad.

Un truco útil de lectura rápida (cuando se trata de asegurar la comprensión) es buscar inmediatamente todas las palabras desconocidas.

Su velocidad de lectura puede sufrir un golpe cuando encuentra una palabra que no conoce. Esto se debe a que tu cerebro se toma su tiempo para recopilar información sobre el significado de la palabra, y trata de desenterrar posibilidades de los rincones de tu mente.

Aunque buscar una palabra puede tomar un momento, ciertamente no le tomará más tiempo del que le tomará a su cerebro tratar de comprender la palabra individual.

Al entender una sola palabra (relevante dentro de un párrafo dado), usted será capaz de entender mejor el resto de la información en el texto, y la comprensión lleva a la comprensión completa.

Papel y pantalla

La velocidad de lectura en general requiere tres compromisos por parte del lector.

En primer lugar, el lector tiene que aprender a utilizar más de su visión periférica para asimilar más de lo que se está leyendo en un momento dado.

En segundo lugar, el lector tiene que entrenar su cerebro para formar nuevas neuronas, forjando nuevas conexiones entre conceptos e ideas dispares.

En tercer lugar, el lector de velocidad tiene que aprender a asimilar la información muy rápidamente.

Estas no son habilidades que uno simplemente decide aprender un día. Requieren una práctica y un ejercicio constantes, al igual que cualquier otra habilidad o actividad física.

Muchos campos de la educación están pasando de los libros de texto tradicionales a los medios electrónicos. Aunque esto es más común en las universidades, algunas escuelas secundarias de todo el mundo también están experimentando con la lectura en pantalla.

Se han realizado estudios para ver si la lectura en papel o en pantalla es más estresante para el cuerpo y la mente. Sin embargo, estos estudios han ofrecido resultados contradictorios y a menudo confusos. Una razón clave para ello es la falta de protocolos de prueba rigurosos y rigurosos.

En primer lugar, muchos de estos estudios utilizaron diferentes tipos de letra para la lectura en papel frente a los ejercicios de lectura en pantalla.

En segundo lugar, los lectores pueden sostener un libro más cerca de sus ojos de lo que lo harían con un monitor de computadora, por varias razones.

En tercer lugar, se sugirió que la luz emitida por el monitor de un ordenador puede aumentar la fatiga y provocar un descenso proporcional en la comprensión de lo que se está leyendo. Con el papel, una persona puede ajustar la luz a su propio nivel de comodidad.

Un punto de congruencia entre los estudios de la lectura rápida en papel y la lectura rápida en pantalla es que las personas que leen artículos en papel (materiales de estudio, novelas, trabajos de investigación, etc.), tienden a leer aproximadamente entre un veinte y un treinta por ciento más rápido, con un mayor índice de comprensión y asimilación, que las personas que leen principalmente texto en pantalla.

Estas tendencias típicamente no toman en cuenta al lector de velocidad«natural»; un lector que comenzó a leer muy temprano y se ha entrenado a sí mismo desde una edad temprana para digerir la información rápidamente.

Algunas personas toman la lectura rápida más naturalmente que otras. Entre la generación más joven, cuyo aprendizaje ha sido mucho más integrado con las computadoras que el individuo promedio de«treinta y tantos», la lectura en pantalla puede ser más rápida para ellos que la lectura tradicional de libros.

Se requieren los mismos procesos y habilidades en lectura rápida, ya sea en pantalla o en un libro.

Quizás la mayor desventaja de la lectura en pantalla es que el lector se encuentra en la fila para sufrir el SVI, o«síndrome de visión informático». No se trata de un solo síntoma o efecto; de hecho, se trata de una serie de síntomas relacionados con la fatiga ocular y a menudo dolorosos.

Algunos de estos síntomas incluyen visión doble, ojos rojos secos, dolores de cabeza, irritaciones oculares, dolores de cuello o espalda y visión borrosa. En la mayoría de los casos, si estos síntomas no son tratados, pueden afectar su rendimiento de lectura en general.

Las pruebas han demostrado que entre el 50% y el 90% de los usuarios de computadoras experimentan problemas oculares. Esto no solo ocurre en los adultos, sino también en los niños.

Como se mencionó anteriormente, el SVI puede causar dolor alrededor de los ojos e incluso puede causar dolores de cabeza severos. La lectura desde la pantalla de una computadora requiere que sus ojos estén continuamente enfocados. Se mueven mucho de un lado a otro y tratan de alinearse con lo que ven en la pantalla. A menudo, las imágenes o las fuentes en una pantalla pueden cambiar, lo que hace que los músculos de los ojos trabajen mucho más.

Una pantalla también añade otro elemento negativo, que es que las pantallas tienden a parpadear y a producir resplandor. Aquellos que ya tienen problemas oculares, pero necesitan leer de una pantalla diariamente, experimentarán incomodidad aún mayor.

A medida que un individuo envejece, la lectura de una pantalla se hace más difícil debido al hecho de que los lentes de los ojos se vuelven menos flexibles con la edad.

Sin embargo, incluso después de leer lo anterior, puede estar seguro de que no hay pruebas de que leer desde una pantalla cause efectos secundarios físicos graves o daños a largo plazo.

La verdad es que, ciertamente, hay un mayor elemento de incomodidad en la lectura de una pantalla que en la lectura de un libro.

Si te encuentras en una situación en la que tienes que leer en una pantalla todo el día, es posible que quieras considerar la posibilidad de adquirir un par de<<gafas de ordenador».

Incluso si usted ya usa gafas recetadas, las«gafas para ordenador» (su optometrista reconocerá este término) pueden ayudar a disminuir la cantidad de tensión que experimentan sus ojos. No compre simplemente un par de«gafas de lectura» a su farmacia. En muchos casos, la distancia entre los lentes izquierdo y derecho puede no coincidir con la distancia entre sus ojos izquierdo y derecho. De hecho, no mirar directamente a través del centro de los lentes de las gafas de lectura estándar puede hacer que sus ojos se fatiguen aún más.

Finalmente, si usted sufre de resequedad en los ojos mientras lee en una pantalla, por favor recuerde apartar la vista de la pantalla momentáneamente. Al alejar los ojos de la pantalla, parpadeará de forma natural y volverá a proporcionar humedad a los ojos.

La velocidad de lectura en la pantalla no siempre es tan cómoda como tratar de acelerar la lectura en papel.

Mientras que los requisitos necesarios para mejorar la habilidad de la lectura rápida son los mismos para los libros de papel y la lectura en pantalla, la mecánica real de cómo el ojo y el cerebro procesan la luz y la información del papel, o de una pantalla, es algo diferente.

Al ajustar el brillo de la pantalla y el área de lectura a su propio nivel de comodidad personal, puede superar las diferencias y leer con la misma rapidez en una pantalla que en papel.

Después de tomar todo lo que ha leído hasta ahora en consideración, usted debe estar listo para dar sus primeros pasos para convertirse en un lector de velocidad. Los siguientes pasos son importantes cuando se trata de alcanzar sus metas de lectura rápida. Son relativamente simples y fáciles de seguir.

1 - Práctica:

Cuando consideras cuántos años pasaste aprendiendo a leer en la escuela (o siendo educado en casa), puedes imaginarte cuánto tiempo te puede tomar desaprender 'cómo' te enseñaron a leer. Por eso, la primera clave para ponerse en marcha en este campo es practicar tan a menudo como sea posible.

2 - Lea el material 'fácil' al principio:

Siempre que empieces algo nuevo, la mejor manera de disfrutar de lo que estás haciendo (lo que asegura que querrás hacerlo de nuevo) es intentar hacerlo lo más interesante posible.

Esto vale también para aprender a acelerar la lectura. Comenzando con material«fácil de leer», usted será capaz de captar la velocidad de lectura sin demasiada dificultad.

Empiece leyendo un libro corto con un buen argumento, o incluso un artículo en una revista que le interese. El mayor error que podrías cometer sería intentar aprender esta habilidad empezando con un texto de«estilo de libro de texto», o documentos que simplemente te pueden aburrir hasta las lágrimas - causando que dejes el libro antes de haber completado la primera página.

Cuando te entusiasma el tema, disfrutarás de lo que estás haciendo y, por lo tanto, no tendrás expectativas negativas cuando lo intentes de nuevo.

3 - No se preocupe demasiado por si entiende o no el texto al principio:

El cerebro humano es fantástico. La mejor manera de explicar el punto anterior es asociarlo con la publicidad subliminal. Por ejemplo: se sabe que, para fines de marketing, muchas«marcas» utilizan publicidad subliminal. En pocas palabras, esto significa que dentro de la publicidad del producto que se anuncia se insertan mensajes inteligentes, ya sea una simple palabra que aparece en la pantalla de un televisor o de un teatro, o una imagen en un artículo que no `destaca' o `parece encajar en el tema de la imagen' - es subliminal.

Se han llevado a cabo muchas pruebas que prueban que, aunque de un vistazo, los individuos pueden no ser conscientes de la palabra o la imagen que destella. Ellos, de alguna manera, recuerdan que lo vieron y automáticamente lo asocian al anuncio.

Esto prueba que nuestros cerebros son mucho más rápidos de lo que creemos.

Sub-vocalizar, o tratar de visualizar lo que el texto en una sección dada del material de lectura está tratando de decirnos, no es completamente necesario porque nuestros cerebros PUEDEN ver las palabras y comprenderlas sin necesidad de confirmar si podemos o no podemos.

Cuando empieces a practicar, no pierdas mucho tiempo tratando de confirmar si entiendes o no lo que se dice en el texto. Si lo haces, te encontrarás retrocediendo,'retrocediendo' sobre un párrafo específico para asegurarte de que realmente entendiste lo que había allí.

Mientras practique, simplemente lea todo el texto (tal vez solo una o dos páginas a la vez) - y luego, una vez que hayas terminado, puede hacer un «examen sorpresa».

Escriba los puntos importantes que recuerdes y compáralos con el texto que leas. Si se le ha olvidado mucho, practique un poco más recordando que la lectura rápida no es necesariamente una habilidad que se pueda dominar de la noche a la mañana.

Si ha cubierto todos los puntos principales y ha omitido solo los puntos sin importancia, lo ha hecho bien. Si recuerdas todo lo que hay en el texto, has logrado tu objetivo. Sin embargo, solo unos pocos individuos pueden lograr esto sin mucha práctica.

4 - Leer secciones de texto a la vez:

Usted es capaz de leer por lo menos 4 a 5 palabras a la vez, cuando comienza. Estamos tan acostumbrados a leer cada palabra individualmente (como una tras otra), y a menudo no nos damos cuenta de que nuestros ojos pueden, de hecho, escanear unas pocas palabras seguidas y«verlas» todas a la vez.

De la misma manera que verías una película. Podría haber al menos tres escenarios en la pantalla. Un hombre se ríe, el otro se rasca la espalda y otro come helado. Con un vistazo a la pantalla, usted sabría lo que los tres están haciendo, sin tener que mirar más de cerca a cada hombre individualmente.

Cuando usted mira el texto en esta oración, cuando se enfoca en una línea, ¿cuántas palabras puede ver

cómodamente con una mirada?
Puedes decir 3 o 4. Estas son entonces las palabras que tu cerebro puede ver y comprender con una sola mirada, cómodamente. No es necesario leer cada palabra individualmente.

Por lo tanto, los 3 párrafos anteriores pueden parecerle esto:

Cuando miras el texto
Cuando te concentras en una línea
Las palabras pueden ver cómodamente
Puede decir 3 o 4
Palabras que su cerebro puede ver
No es necesario leer cada palabra
El párrafo puede verse así

Si este párrafo se hubiera escrito de esta manera (arriba), usted habría recibido toda la información que necesita saber en el párrafo. El texto escrito a menudo está lleno de palabras que son innecesarias. Sin embargo, todos los escritores saben que el buen texto debe estar bien encadenado.

Necesitarás confiar en tus habilidades.

5 - Enfocando su atención:

Cuando veas la televisión, puede que estés

escuchando lo que se dice y viendo las imágenes en la pantalla, pero hay una buena posibilidad de que te distraigas fácilmente si tu perro empieza a ladrar afuera, o si el programa continúa, pero te quedas pensando en algo que viste y escuchaste en los primeros cinco minutos del programa.

La lectura es la misma a veces. Puedes leer (o `mirar') una página entera y pensar que la has leído, pero algo en el primer párrafo captó tu atención subconsciente. Mientras tu mente subconsciente intentaba averiguar su significado, puede que no te dieras cuenta, pero tu mente consciente estaba simplemente `mirando', no leyendo, el resto del texto de la página. Por eso es importante escuchar a su mente subconsciente y acercarla lo más posible a su mente consciente.

A menos que usted vaya a centrar el 100% de su atención en el tema sobre el que se está escribiendo, tiene muy poco sentido intentar leer. Si necesitas practicar, más bien asegúrate de que no haya nada a tu alrededor que te distraiga y que estés realmente absorto en el tema sobre el que estás leyendo.

No tiene sentido sentir como si hubieras leído 800 palabras en un minuto, dándote palmaditas en la espalda, solo para darte cuenta de que no recuerdas una palabra que acabas de leer.

Si es importante que se detenga para asegurarse de que ha entendido una palabra o frase específica, hágalo. Esto lleva menos tiempo que leer toda la página y luego tener que volver a leerla desde el principio, porque no estabas «seguro» de lo que leías.

6 - *Evitar la regresión/regresar:*

Si bien se acaba de sugerir que se detenga cuando sea necesario y se asegure de entender una palabra o frase; al mismo tiempo, debe evitar retroceder o retroceder demasiado en el texto que está leyendo.

Al principio esto parece difícil. Si se supone que tienes que parar si no entiendes algo, entonces ¿por qué se te dice que no regreses/regreses?

Hay una gran diferencia entre retroceder y detenerse para asegurarse de que usted entiende una palabra o frase.

En pocas palabras, a menudo retrocedemos o volvemos atrás porque `pensamos' o `sentimos' que se nos ha pasado algo vital; una palabra clave o frase vital que marcaría la diferencia en el mundo de nuestra comprensión del texto.

Aquí es donde tienes que creer en ti mismo y en el poder de tu cerebro.

Si su cerebro ve una palabra que no entiende, se lo hará saber inmediatamente. En este punto no necesitas retroceder una o dos oraciones; solo necesitas entender la palabra que se ha convertido en el obstáculo.

Si usted no entiende la frase, debe tratar de seguir adelante. Lo más probable es que descubras que la frase a seguir te explicará exactamente qué es lo que `pensaste' o ` sentiste' que no entendías antes.

Cuando estás leyendo en el ambiente correcto sin distracciones, estás enfocado e interesado en el tema sobre el que estás leyendo, y tu postura es buena, descubrirás, 9 de cada 10 veces, que avanzar es mucho más valioso que retroceder.

Una vez más, esto se reduce a la práctica y más práctica. Tendrás que decirte a ti mismo que no retrocedas. Tendrá que creer que su cerebro le está dando sentido a todo esto, incluso si sus dudas comienzan a susurrar en su oído. Ignora estas dudas y cree que puedes leer y comprender lo que lees. La autoduda es sin duda otro enemigo de la lectura rápida.

7 - Deje de subvocalizar:

La subvocalización es en realidad la forma en que se te enseñó a leer en primer lugar. De niño se te enseña a«decir» las palabras que lees, e incluso a dividirlas en sílabas. Aunque esta es la mejor manera de `aprender a leer', no es conducente a la lectura rápida.

A medida que envejecemos, muchos de nosotros continuamos diciendo las palabras tal como las vemos. Tal vez sin hacer los sonidos; la mayoría de nosotros simplemente pensamos las palabras que vemos. Si bien esta es la mejor manera de asegurarse de que usted comprenda y entienda completamente todo lo que ha leído, esto ralentiza tremendamente su tasa de lectura.

De la misma manera que un niño nunca aprenderá a nadar correctamente, a menos que se le enseñe a nadar sin alas de agua, obviamente en un área poco profunda al principio, es de la misma manera que usted nunca sabrá su habilidad para acelerar la lectura, a menos que lo intente sin repetir cada palabra que vea.

Una vez más, tendrá que confiar en que las palabras que ven sus ojos son calculadas y computadas por su cerebro. Una vez más, tus dudas probablemente te dirán que no has visto las palabras, y que `realmente necesitas volver a leerlas'.

Aprenda a leer palabras - véalas y crea que las entiende, en lugar de tratar de convencer a su cerebro de la palabra que está frente a usted. Tu cerebro ya sabe cuál es la palabra.

8 - Busque palabras clave:

Una vez que conozca el tema sobre el que está leyendo, podrá notar las palabras clave. Al hacer esto, usted podrá omitir el exceso de texto a menudo innecesario, como las conjunciones, y retomará las palabras que conducen a una conclusión en el texto.

Por ejemplo:

«En el año 2015, puede que solo queden un puñado de rinocerontes en este planeta si los cazadores furtivos continúan destruyendo estas hermosas criaturas, independientemente de su edad, para sus cuernos. Sus cuernos están molidos en polvo y se usan para hacer una medicina que supuestamente mejora el rendimiento sexual en los hombres».

En lo anterior, a medida que lo lees, podrías haber elegido retomar unas pocas palabras que te habrían llevado a entender lo que el párrafo intentaba decirte.

Esto es similar al skimming. Sin embargo, solo elegimos el skimming como una forma de lectura si queremos obtener la «idea general». La búsqueda de palabras clave requiere más concentración y enfoque que el skimming.

Recuerde, mientras lee rápido, usted quiere ser capaz de comprender y tal vez incluso hacer notas mentales o escritas sobre lo que ha leído. Con el skimming, es posible que solo obtenga «la esencia de la historia», que es una de las razones por las que no es un método preferido de lectura entre muchos profesionales.

9 - Sepa sobre qué está leyendo:

Como se mencionó anteriormente, siempre conozca el tema antes de comenzar a leer. Esto le ayudará a notar las palabras clave y frases importantes a medida que las lea.

10 - Líbrate de la duda:

Deja de dudar de que no puedes acelerar la lectura y dale más crédito a tu cerebro. Cuando ves una palabra, tu cerebro sabe lo que significa. Pero debido a que hemos pasado tanto tiempo de nuestras vidas leyendo y sub-vocalizando, tratando de imaginarnos lo que estamos leyendo y tratando de convencernos a nosotros mismos de que«realmente» comprendemos lo que hemos leído; estamos dudando inadvertidamente de nuestras habilidades como lectores.

Como si movieras tu mano sobre una placa caliente - cuando sientes el calor de la placa, `sabes' que no debes tocarla. No pondrías tu mano en el plato caliente solo para convencer a tu cerebro y sentido del tacto de que el plato está caliente.

De la misma manera, usted no necesita convencer a su cerebro de las palabras que está leyendo.

Usted puede enfrentarse a un obstáculo al leer a gran velocidad cuando su cerebro ve una palabra, pero no tiene conexión con su significado. Por ejemplo, las palabras:

1 - Aerofilatelia - (la colección de sellos de correo aéreo)

2 - Dactilología - (estudio del lenguaje de signos)

3 - Ekística - (el estudio de los asentamientos humanos)

Estas son palabras más que probables que un lector promedio (a menos que el lector supiera lo que significan) tendría que parar e investigar, si necesitara tener un 100% de comprensión de la información que estaba leyendo.

No se deje frenar por estos obstáculos. Las palabras que usted no entiende son palabras que tal vez nunca haya visto antes. Esto no tiene nada que ver con su capacidad de leer más rápido.

Al seguir los pasos anteriores y practicar para acelerar la lectura tan a menudo como sea posible, usted será capaz de aumentar su velocidad de lectura a por lo menos el doble de lo que es ahora.

Conclusión

Ahora que ha aprendido lo que se necesita para convertirse en un buen lector, es más que probable que pase el día de mañana buscando buenos materiales de lectura con los que pueda practicar.

Al comenzar, realmente necesitas recordar no frustrarte contigo mismo si empiezas a sub-vocalizar, o si te encuentras hojeando el texto en vez de leerlo, comprenderlo y entenderlo realmente. Solo inténtalo de nuevo y avanza en lugar de detenerte o retroceder.

Recuerde comer bien, asegurándose de evitar los alimentos con almidón y azucarados antes de pasar tiempo leyendo. Trate de reservar una hora específica del día cada día para practicar, de modo que se sienta cómodo con su nueva rutina.

Trate de leer de los libros de papel tan a menudo como sea posible. Al menos de esta manera, usted aprenderá los conceptos básicos de la lectura rápida, sin tener que someter sus ojos a demasiada tensión.

Siempre que se encuentre regresando o sintiéndose cansado, tome un descanso. No hay necesidad de que domines esta habilidad de la noche a la mañana. Prefiero hacerlo bien y saber que `puedes' leer para siempre, que tratar de hojear el texto que puede resultar en que pienses que estás haciendo las cosas bien, pero en realidad terminará con tu falta de comprensión y la comprensión del tema sobre el que estás leyendo.

www.ingramcontent.com/pod-product-compliance
Lightning Source LLC
LaVergne TN
LVHW011942070526
838202LV00054B/4769